Hallwag
Taschenbuch

150

Ratgeber

Autogenes Training

Gerhard Leibold

Hallwag Verlag
Bern und Stuttgart

Umschlagfoto: Christian Moser, Bern
Strichzeichnungen: Salome Ehrat
(S. 13, 15, 16, 22, 25, 34, 63)
Susanne Ueber (alle übrigen)
Redaktion: Christian Bachmann

Herstellung: Hallwag AG, Bern
ISBN 3 444 50171 4

Inhalt

Gerhard Leibold erwarb sein medizinisches Fachwissen zunächst während seiner Tätigkeit als pharmazeutisch-naturwissenschaftlicher Ärztereferent. Anschließend wandte er sich dem Studium der Naturheilkunde und der praktischen Psychologie zu. Seit Jahren führt er eine eigene Praxis als Heilpraktiker und Psychologe und ist daneben freier Mitarbeiter mehrerer Fachzeitschriften. Über seine praktischen Erfahrungen hat er bisher in mehreren Verlagen 17 Gesundheitsbücher veröffentlicht.

Vorwort

Die Zahl der Menschen, die unter seelischen Störungen leiden oder deren körperliche Krankheit als seelisch bedingt (psychosomatisch) erkannt wird, nimmt in allen Industriezivilisationen stetig zu. Fachleute schätzen, daß 50 bis 80 Prozent der Patienten in den Wartezimmern der Ärzte unter psychosomatischen Störungen leiden. Und allein in der Bundesrepublik Deutschland müssen sich jedes Jahr rund 600 000 Menschen — das entspricht einem Prozent der Gesamtbevölkerung — erstmals in psychiatrische Behandlung begeben.
Diesem Heer von Kranken stehen die relativ wenigen Fachärzte und Psychotherapeuten weitgehend hilflos gegenüber. Sie müssen sich auf schwere und besondere Fälle beschränken, die Mehrzahl der Patienten aber durch Psychopharmaka (Seelenheilmittel) behandeln. Diese decken Symptome wie Angst, Depression oder Gereiztheit nur zu, die Ursachen vermögen sie kaum zu beeinflussen. Zwar kann niemand ernsthaft den Verzicht auf diese im Einzelfall durchaus segensreichen Medika-

mente fordern. Aber sie dürfen nicht zum Ersatz für die ursächliche Behandlung werden, sonst droht in vielen Fällen durch Langzeitanwendung solcher Arzneimittel die suchtähnliche Abhängigkeit, die mit ernsten körperlichen Schäden einhergehen kann.

Seit einigen Jahren stellte sich nun heraus, daß die menschliche Seele — im Gegensatz zu der auch heute noch oft vertretenen Lehrmeinung — über erstaunliche Selbstheilungskräfte verfügt, vergleichbar den Abwehrregulationen des Körpers. Wenn wir sie gezielt anregen und stärken, dann können wir mit leichteren seelischen Störungen und ihren möglichen Auswirkungen auf den Körper selbst fertig werden, ihnen durch tägliche «seelische Abhärtung» sogar wirksam vorbeugen. Autogenes Training erweist sich dabei immer wieder als unentbehrlich. Darüber hinaus kann auch der völlig Gesunde das autogene Training vielfältig nutzen. Es beugt schädlichen Streßfolgen vor, steigert unser geistiges und körperliches Leistungsvermögen, motiviert uns für bestimmte Aufgaben oder erleichtert die Einübung neuer nützlicher Verhaltensweisen, etwa den Verzicht auf Zigaretten.

Fast jeder kann das autogene Training erlernen. Grundsätzlich sollte man dazu als Anfänger am Gruppen- oder Einzelunterricht eines erfahrenen Fachmanns teilnehmen, der unter Umständen sogar von der Krankenkasse bezahlt wird. Diesem Leserkreis dient dieses Buch dann als «Gedächtnisstütze», wenn Fragen auftauchen. Nur wenn tatsächlich keine Möglichkeit besteht, die AT-Grundübungen unter fachmännischer Anleitung zu erlernen, sollte man von Anfang an genau nach den Anweisungen dieses Buches üben. Zwar lehnen manche Ärzte das heute immer noch ab, die Mehrzahl vertritt aber die Ansicht: besser nach einem Buch üben, als überhaupt kein AT betreiben. Das ist sicher keine Übertreibung, denn neben vollwertiger Ernährung und vernünftiger Lebensführung mit ausreichend Bewegung im Freien bildet autogenes Training einen «Eckpfeiler» der täglichen Gesundheitsvorsorge. Professor Schultz und andere maßen ihm sogar so große Bedeutung bei, daß sie seine Einführung in die Lehrpläne der Schulen anregten — bis heute eine leider nicht verwirklichte Idee.

Die Macht unserer Vorstellungen und Erwartungen

Manchen Menschen gelingt auf Anhieb und scheinbar mühelos alles, was sie in die Hand nehmen. Andere strengen sich zeitlebens an und scheinen trotzdem vom Pech verfolgt zu werden. Solche Glücks- oder Pechsträhnen sind meist weder Zufall noch unabwendbares Schicksal. Analysiert man sie genauer, erkennt man als die eigentlichen Ursachen häufig unbewußte Erwartungen und Vorstellungen der Betroffenen, mit denen diese ihre Aufgaben und Ziele in Angriff nahmen. Alle unsere bildhaften Gedanken, die positiven wie die negativen, neigen nämlich dazu, sich auch gegen den bewußten Willen zu verwirklichen. Wer nicht unbeschwert an seine Ziele glaubt, sondern seine Aufgaben zaghaft, unsicher und voller Vorbehalte angeht, mag noch so sehr guten Willens sein, er muß doch meist erleben, daß sich die befürchteten Probleme und Widerstände wie erwartet einstellen und nur schwer — wenn überhaupt — überwunden werden können. Unter Umständen sind negative innere Einstellungen sogar so mächtig, daß sie einen organisch völlig gesunden Menschen töten können. Diesen «psychogenen» (seelisch verursachten) Tod untersuchen die Wissenschaftler schon lange. Eine Erklärung dafür fanden sie bisher nicht, nur verschiedene Theorien, die einander zum Teil widersprechen. Zwei Fälle sollen die Macht negativer Vorstellungen veranschaulichen.

Fall 1: Ein junger Mann, nach Verbüßung einer kurzen Haftstrafe soeben entlassen, bricht auf dem Heimweg auf offener Straße zusammen. In der Klinik diagnostiziert man einen rasch ansteigenden Blutzuckerspiegel, den auch die sofortige Behandlung mit hohen Insulindosen nicht mehr normalisieren kann. Der Patient stirbt, ohne das Bewußtsein noch einmal zu erlangen. Bei der Autopsie stellen die Ärzte erstaunt fest, daß die für die Regulierung der Blutzuckerwerte zuständige Bauchspeicheldrüse voll funktionsfähig war. Professor Alexander Mitscherlich, der in seinem Buch «Krankheit als Konflikt» diesen Fall schildert, fand für den rätselhaften Tod des jungen Mannes

nur eine einzige Erklärung: Der Bedauernswerte hatte sich buchstäblich zu Tode geschämt.
Fall 2: Bei der Reparatur einer Starkstrom-Überlandleitung stößt ein Elektriker versehentlich an einen Draht, von dem er annehmen muß, daß er unter tödlicher Hochspannung steht. Der Mann ist sofort tot. Die Rekonstruktion des Unfalls ergibt aber, daß die Leitung überhaupt keinen Strom führte. Auch dieser Mann, dessen Fall von Dr. Lindemann («Überleben im Streß») berichtet wird, starb also an seiner negativen Erwartung.
Umgekehrt gelingt es Menschen, die unbeirrt von Rückschlägen daran glauben, daß sie ihr Ziel erreichen werden, in der Regel immer, mit ihren Problemen fertig zu werden. Kein Hindernis, das sich ihnen in den Weg stellt, kann sie davon abhalten, denn ihre positiven Vorstellungen und Erwartungen wirken natürlich ebenso mächtig wie die negativen. Allerdings müssen die Ziele mit den Fähigkeiten übereinstimmen. Wer kaum einen wohlproportionierten Menschen zeichnen kann, mag noch so fest an seinen Erfolg glauben, er erreicht wahrscheinlich nie die Meisterschaft eines Rembrandt.
Selbst Tiere sind offenbar in der Lage, eine Art positiver Erwartung zu entwickeln, die auf früheren positiven Erfahrungen beruht. Das zeigt das folgende wissenschaftliche Experiment:
Die Forscher ließen eine Gruppe von Ratten bis zur völligen Erschöpfung in einem Wasserbecken schwimmen. Unmittelbar vor dem Ertrinken retteten sie die Tiere. Als man den Versuch später wiederholte, schwammen diese geretteten Tiere um 30 bis 40 Prozent länger als Ratten einer Kontrollgruppe ohne die positive Erfahrung der Rettung. Die Erwartung, wieder gerettet zu werden, mobilisierte also ungeahnte Kraftreserven. Wenn Tiere zu einer derart erstaunlichen Leistungssteigerung fähig sind, so gilt dies erst recht für den Menschen, der befähigt ist, sich selbst in positive Erwartung zu versetzen.
Leider sind die Menschen heute in zunehmendem Maße negativen inneren Einstellungen verhaftet. Die Ursachen dafür können hier nicht näher untersucht werden. Zum Teil sind sie in dem Wertvakuum zu suchen, unter dem der nach Vorbildern und festen Orientierungspunkten suchende, zusätzlich noch

durch Menschenrechtsverletzungen und Kriegshandlungen in aller Welt verunsicherte Mensch heute leidet. Untersuchungen des französischen Nervenarztes Professor Jules Dorpier aus den letzten Jahren beweisen, daß sich diese negative Grundeinstellung zunehmend sogar bis in die Träume fortsetzt. Früher wurden vorwiegend Menschen über 55 Jahren von Angst- und Katastrophenträumen heimgesucht; heute erleben bereits die über 28jährigen nur noch selten positive, glückliche Träume. Die Wirkung des autogenen Trainings beruht zum großen Teil auf der Entwicklung und Verwirklichung positiver Erwartungen und Vorstellungen. Somit bildet es ein Gegengewicht zu den krankheitsfördernden negativen inneren Einstellungen. Konsequentes Training kann deshalb ein ganzes Leben verändern. Lebensfreude, Erlebnisfähigkeit, Energie und Glauben an sich selbst kehren bald zurück, nagende Selbstzweifel, lähmende Ängste und Depressionen verblassen. Für den modernen vereinsamten und unsicheren Menschen bildet autogenes Training in der Tat den einfachsten und zuverlässigsten Weg zum erfüllten, sinnvolleren und gesünderen Leben.

Die Grundlagen des autogenen Trainings

Die Übungen des autogenen Trainings (abgekürzt AT) beruhen auf der Fähigkeit des Menschen, sich zu entspannen und selbst zu beeinflussen (Autosuggestion). In dieser Einsicht ähnelt es den alten asiatischen Meditationstechniken wie Yoga und Zen, die wegen ihres fremdartigen religiös-philosophischen Hintergrunds für uns Europäer allerdings nicht so leicht zugänglich sind. Die Bezeichnung «autogen» setzt sich aus den griechischen Wörtern *auto* (= selbst) und *genesis* (= Entstehung) zusammen.

Hypnose als Ursprung des AT

Die Hypnose, schon in vorchristlicher Zeit von Ärzten und Priestern als Heilmittel angewendet, aber auch von Sigmund Freud anfangs noch praktiziert, ist nahe mit dem AT verwandt. Im hypnotischen Zustand (Trance), den der Hypnotiseur je nach

Einzelfall durch unterschiedliche Techniken herbeiführt, wird das Bewußtsein so stark eingeengt, daß der Patient fast nur noch die Suggestionen des Therapeuten wahrnimmt. Deshalb können die heilsamen Suggestionen auch viel tiefer als im Wachzustand im Unterbewußtsein verankert werden und im Alltag nachwirken. Allerdings setzt die Fremdhypnose den Therapeuten voraus, eignet sich also nicht zur regelmäßigen Gesundheitsvorsorge und Selbsthilfe. Zwar gibt es Techniken zur Selbsthypnose, sie können aber nicht von allen Menschen erfolgreich angewendet werden.
Nach seinen Erfahrungen mit der Hypnose entwickelte Professor Schultz deshalb das zur Selbstbeeinflussung geeignete AT. Er ging von der Beobachtung aus, daß seine Patienten in der Hypnose regelmäßig zwei Gefühle erlebten: Schwere und Wärme. Daraus folgerte er, daß man sich durch konzentrierte Vorstellung dieser beiden Zustände auch selbst in einen hypnoseähnlichen Zustand versetzen kann, in dem die Suggestionen besser als im Wachzustand aufgenommen werden. In jahrelanger sorgfältiger Arbeit entstand aus diesen Überlegungen das AT. Dabei baute Schultz auch die entsprechend abgewandelten Entspannungstechniken der Yogalehre mit ein. So schuf er ein exakt ausgearbeitetes Verfahren zur positiven Selbstbeeinflussung, das sich seit Jahrzehnten praktisch bewährt.

Professor Schultz, der «Vater» des AT

Johannes Heinrich Schultz wurde am 20. 6. 1884 in Göttingen geboren, wo sein Vater als Theologieprofessor tätig war. Trotz seiner schwächlichen Konstitution, die seinen Spielkameraden immer wieder Anlaß zu Hänseleien gab, erreichte er das hohe Alter von 86 Jahren. Er starb am 19. 9. 1970 in Berlin.
Nach seiner Ausbildung zum Hautarzt, die er in Göttingen, Breslau und Lausanne absolvierte, studierte Schultz zusätzlich Neurologie und Psychiatrie. Vor dem Ersten Weltkrieg arbeitete er einige Zeit in einem Breslauer Hypnose-Ambulatorium. Während des Krieges verfaßte der junge Arzt seine erste größere wissenschaftliche Arbeit, für die er von der Universität Jena zum außerordentlichen Professor ernannt wurde. Kurze Zeit war er dann noch als Chefarzt am weltbekannten Sanatorium

Johannes Heinrich Schultz

«Weißer Hirsch» bei Dresden tätig, ehe er sich 1924 als Nervenarzt in Berlin niederließ. Seine über 400 wissenschaftlichen Arbeiten gaben vor allem der Psychotherapie und der psychosomatischen Medizin wertvolle Anregungen. Die wichtigste Veröffentlichung, seine große Monographie «Das Autogene Training — Konzentrative Selbstentspannung», erschien im Jahre 1932 und erlebte seither zahlreiche Neuauflagen und Übersetzungen. Sie krönt das Lebenswerk eines Menschen, der durch sein Vorbild bewiesen hat, wie Selbstdisziplin und positive Vorstellungen alle Gebrechen des Körpers überwinden. Somit wurde er zum überzeugenden Beispiel für die Wirksamkeit des AT.

Voraussetzungen des erfolgreichen Trainings

Grundsätzlich kann jedermann das AT erlernen. Allerdings müssen einige Voraussetzungen erfüllt sein, damit man zum vollen Erfolg gelangt. Mit ihnen wollen wir uns jetzt näher beschäftigen.

Die richtige Einstellung

Die Erwartungen und Vorstellungen, mit denen wir das AT erlernen, beeinflussen den Übungserfolg natürlich ganz wesentlich. Auch hier gilt, was weiter vorne schon ausgeführt wurde: Negative Einstellungen verzögern oder verhindern die Wirkung, positive beschleunigen und verstärken sie. Wer sich nur aus Neugierde oder von vornherein halbherzig, skeptisch oder mißtrauisch mit dem AT beschäftigt, muß oft sehr lange auf die ersten Erfolge warten und wird deshalb das Training häufiger aufgeben als derjenige, der unbeirrt an die Wirksamkeit glaubt.
In der Praxis hat es sich bewährt, vor Beginn des Trainings nach einem überzeugenden Motiv für die Übungen zu suchen, sich also ein wichtiges Ziel zu setzen, dem man mit Hilfe des AT näherkommen will. Es muß im Rahmen der persönlichen Fähigkeiten liegen und stark genug sein, daß es über anfängliche Mißerfolge hinweghilft. Dazu bieten sich je nach individuellen Problemen und Interessen zahllose Möglichkeiten an. Der eine möchte durch AT vielleicht besser schlafen, der andere seine Nervosität eindämmen, ein dritter Hemmungen überwinden und der vierte bessere schulische oder sportliche Leistungen erbringen.
Zusammen mit dem berechtigten Vertrauen in die Wirksamkeit des AT und dem festen Glauben daran, daß man die Übungen erfolgreich durchführen wird, helfen solche Zielsetzungen sehr wirkungsvoll über die Schwierigkeiten hinweg, mit denen fast jeder Anfänger zu kämpfen hat.

Jeden Tag konsequent üben

Training bedeutet systematisches Üben von Fähigkeiten, um sie immer weiter zu vervollkommnen. Das gilt im Sport ebenso wie beim AT. Leistungssportler, die sich auf Wettkämpfe vor-

bereiten, trainieren meist Tag für Tag mehrere Stunden, um ihre Leistungen zu verbessern. Soviel Zeit kann und muß der AT-Anfänger natürlich nicht aufwenden.
Aus praktischer Erfahrung wird AT-Schülern empfohlen, täglich dreimal, mindestens aber zweimal zu üben. Das nimmt jeweils nur einige Minuten in Anspruch. Wer glaubt, auch diese Zeit nicht aufbringen zu können, beweist damit nur, wie dringend er AT nötig hat.
Am besten übt man morgens gleich nach dem Erwachen, in der Mittagspause oder nach Feierabend und abends vor dem Einschlafen. Die Übungen am Morgen und Abend sind für *Anfänger* unerläßlich, die dritte Übung im Laufe des Tages sollte man nur dann ausfallen lassen, wenn es wirklich nicht anders geht. Unter keinen Umständen darf man mehrere Tage lang auf AT verzichten, wenn man einmal damit begonnen hat. Konsequentes tägliches Training bringt die schnellsten Fortschritte, das kann nicht oft genug betont werden. Zwar fällt es vielen AT-Schülern schwer, regelmäßig zu üben. Die Erfahrung lehrt aber, daß AT schließlich zur eingeschliffenen, selbstverständlichen Gewohnheit wird, die man nicht mehr missen möchte, wenn die Anfangsprobleme erst einmal überwunden sind.
Fortgeschrittene üben mindestens einmal am Tag, am besten abends, besser aber zweimal und auch zwischendurch bei Bedarf. AT am Nachmittag hilft zum Beispiel, den toten Punkt zwischen 14 und 15 Uhr ohne Kaffee oder andere Genußmittel zu überwinden. Ferner gilt für den Erfahrenen, daß er sein Leben lang möglichst täglich trainieren sollte. AT dient ja nicht nur zur Überwindung akuter Probleme, sondern beugt vielen seelischen und körperlichen Störungen wirksam vor. Außerdem fällt es nach längeren Pausen deutlich schwerer, die Übungszustände zu verwirklichen.

Die drei Grundhaltungen

Völlige Entspannung erfordert eine Körperhaltung, bei der alle Muskeln gelockert werden können. Die Yogalehre kennt deshalb zahlreiche Stellungen, die für Europäer aber meist zu ungewohnt und daher unbequem sind. Sie wurden für Menschen entwickelt, die keine Stühle kennen.

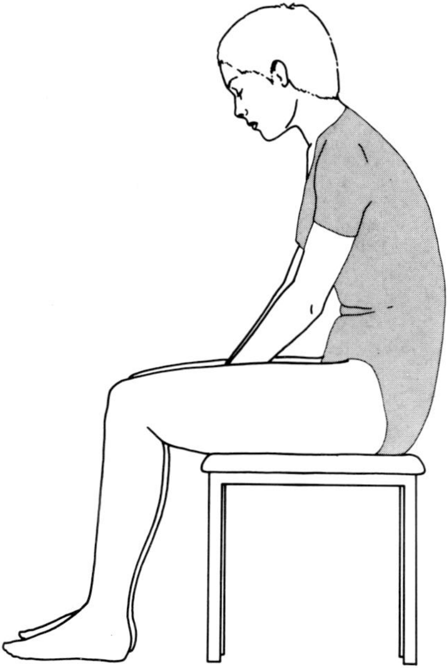

(Abb. 1)
Aktive AT-Sitzhaltung

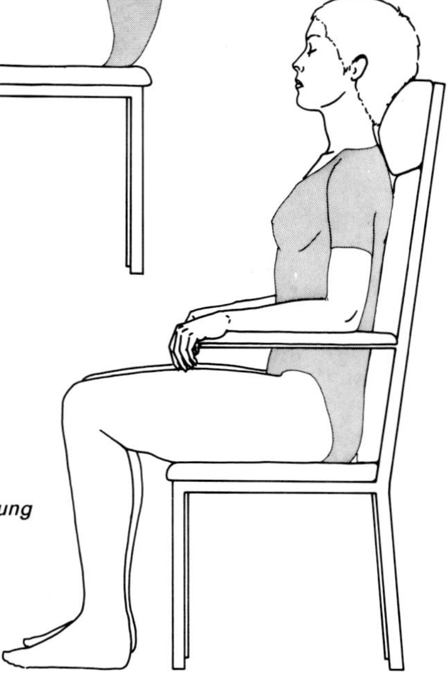

(Abb. 2)
Passive AT-Sitzhaltung

Grundsätzlich ist beim AT jede entspannte Körperhaltung erlaubt. Manche Personen erreichen die Übungszustände am besten in der Einschlaflage, auf der Seite oder auf dem Bauch liegend, das ist individuell verschieden. Die Mehrzahl der AT-Anfänger bevorzugt aber eine der folgenden drei Grundhaltungen, die auf den praktischen Erfahrungen von Professor Schultz beruhen.

Aktive Sitzhaltung (Droschkenkutscherhaltung). In dieser Haltung können Sie überall üben, im Bus oder in der Straßenbahn, mittags im Büro, auf einer Bank im Park, im Flur einer Behörde oder im Wartezimmer des Anwaltes. Schüler und Studenten bereiten sich gelegentlich sogar auf der Toilette der Schule in dieser Haltung auf Prüfungen vor — ein empfehlenswertes Rezept gegen Prüfungsangst. Zuerst richten Sie sich im Sitzen auf, dann lassen Sie sich ganz locker nach vorne «sacken». Die Handflächen liegen auf den Oberschenkeln, die Füße stehen leicht gespreizt, ohne sich zu berühren, auf dem Boden. Diese Haltung erinnert an die des Droschkenkutschers auf dem Kutschbock. Übergewichtige können in dieser Stellung wegen des störenden Bauchs manchmal nicht üben, ansonsten eignet sie sich für alle.

Passive Sitzhaltung: Sie erfordert einen bequemen Sessel, dessen Rückenlehne so hoch ist, daß der Kopf angelehnt werden kann. Unterarme und Hände liegen auf den Seitenlehnen, die Füße stehen leicht gespreizt, ohne sich zu berühren, fest auf dem Boden. Gelegentlich spürt man in dieser Stellung Beschwerden im Kreuz. Dann werden die Hohlräume zwischen Rückenlehne und Rücken durch Kissen oder Decken bequem ausgepolstert, wenn man keine andere Haltung wählen will.

Rückenlage: In dieser Haltung üben Sie im Bett, wenn die Matratze ausreichend fest ist, besser aber noch auf dem Teppich oder auf einer Wolldecke am Boden. Der Kopf liegt nur leicht erhöht bequem auf einem kleinen Kissen. Wenn Beschwerden im Kreuz auftreten, polstern Sie die Hohlräume zwischen Rükken und Unterlage mit Kissen oder Decken aus. Die Arme winkeln Sie leicht an, so daß die Handteller in Höhe der Oberschenkel entspannt auf der Unterlage liegen und den Körper nicht berühren. Die Fußspitzen fallen bei dieser Stellung infolge

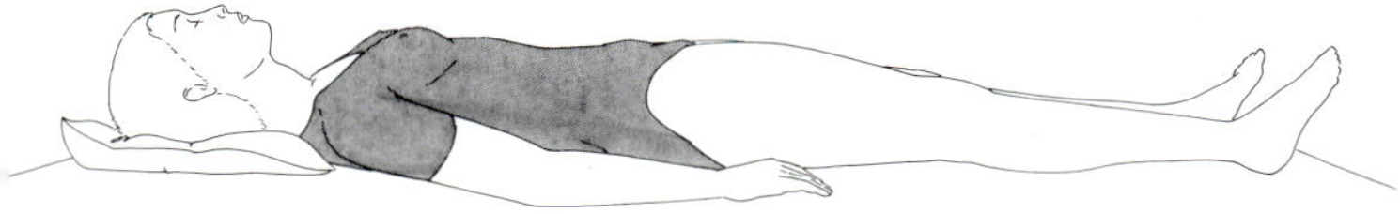

(Abb. 3)
AT-Rückenlage

der Entspannung leicht auseinander, wobei die Füße sich nicht berühren dürfen.
AT-Anfänger können die verschiedenen Trainingshaltungen zunächst ausprobieren. Wenn Sie sich für die beste Stellung entschieden haben, sollten Sie diese beim Training möglichst immer einnehmen. Fortgeschrittene, die überall trainieren können, müssen sich an diese Regel nicht mehr so streng halten.
Zur vollständigen Entspannung ist es auch notwendig, beengende Kleidungsstücke (Gürtel, Krawatte) zu lockern oder abzulegen. Frauen sollten keine Hüft(Strumpf)halter tragen. Geübt wird grundsätzlich immer mit geschlossenen Augen.

Zurücknahme der Übungszustände
Die völlige Entspannung, die beim AT erreicht wird, läßt sich nicht mit dem Wachzustand vereinbaren. Deshalb müssen die Übungszustände am Ende wieder zurückgenommen werden.
Die Formel dazu lautet:

Arme beugen und strecken, tief atmen, Augen auf.

Diesen Satz stellen Sie sich einmal vor, beugen und strecken dabei kräftig die Arme, atmen tief durch und öffnen erst dann die Augen. Die Erfahrung lehrt, daß die Zurücknahme oft nicht so gut gelingt, wenn man sich nicht an diese Reihenfolge hält.
Wird die Zurücknahme vergessen, bleiben häufig noch stundenlang unangenehme, wenn auch ungefährliche Empfindungen wie Brennen, Hitze, Kribbeln oder Taubheit in den Gliedern bestehen. Deshalb gewöhnen Sie sich von der ersten Übung an konsequent an die Zurücknahme. Auch wenn Sie während der ersten Übungen überhaupt keine Wirkung spüren, müssen Sie

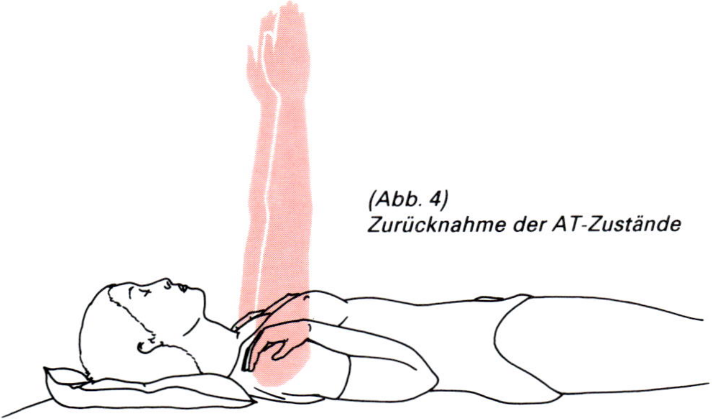

(Abb. 4)
Zurücknahme der AT-Zustände

zurücknehmen. Die Erfahrung lehrt nämlich, daß es auch dann ohne Zurücknahme zu den genannten Mißempfindungen kommen kann. Nicht erforderlich ist die Zurücknahme nur in zwei Fällen: wenn Sie beim Üben einschlafen oder durch einen plötzlichen Schock (Telefon, Klingel und ähnliches) aus der Entspannung gerissen werden.

Häufige Fehler beim Training

Der wichtigste und verbreitetste Fehler beim AT wurde bereits erwähnt: unregelmäßiges Üben. Erfolge beim AT sind zum Teil auch eine Frage der Gewohnheit. Wer die Übungen regelmäßig jeden Tag durchführt, erlebt im Laufe von Wochen bis Monaten – seltener auch erst nach einem oder zwei Jahren –, daß die Vorstellungen sich immer schneller und deutlicher verwirklichen. Beim Fortgeschrittenen stellen sich die Übungszustände schließlich wie ein Reflex schlagartig ein, wenn er nur einmal intensiv daran denkt. Manche AT-Schüler berichten sogar, daß sie bereits beim Hinlegen zum Training Schwere und Wärme spüren. Wer nur gelegentlich übt, wird diese schnelle «Umschaltung» des vegetativen Nervensystems auf völlige Entspannung kaum jemals erreichen. Ihm geht es wie dem Sportler, dem das Durchhaltevermögen und die Motivation zum täglichen Training abgeht und der deshalb immer nur Mittelklasseformat erreichen wird.

Abgesehen davon, daß konsequentes Training den Erfolg mit AT begünstigt, erreicht man dadurch als erwünschte Nebenwirkung zugleich eine Charakterschulung und Persönlichkeitsreifung, die nicht hoch genug eingeschätzt werden kann. Ohne Selbstdisziplin ist Freiheit auf Dauer aber unmöglich.
Wer nach dem beliebten Motto «Wo ein Wille ist, da ist auch ein Weg» lebt, sollte diese Spruchweisheit beim AT schleunigst vergessen. Die bewußte Willensanstrengung zur Verwirklichung der Übungszustände ist nämlich ein weiterer verbreiteter Fehler beim Training. Schon weiter vorne stellten wir fest, daß sich der Wille gegen unsere bildhaften Erwartungen und Vorstellungen kaum durchsetzen kann, wenn diese in eine andere Richtung zielen. Vielmehr mobilisieren solche Willensanstrengungen sogar alle Widerstände gegen das Ziel unseres Wollens. Ein typisches Beispiel dafür bieten wohl die unzähligen Raucher, die immer wieder mit festem Willen gegen die Zigarette angehen — und ebensooft scheitern. Auch Menschen, die im Alltag immer wieder Beweise ihrer Willensstärke liefern, versuchen meistens ohne Erfolg, vom Rauchen loszukommen. AT hingegen, das mit Willenskraft überhaupt nichts zu tun hat, erweist sich in der Praxis als eine der besten Methoden zur Raucherentwöhnung.
In Kursen zeigt sich manchmal sehr deutlich, wie negativ sich die Willensanstrengung beim AT auswirkt. Immer wieder gibt es Anfänger, die die Übungszustände willentlich zu erzwingen versuchen. Das Resultat: Entweder spüren sie überhaupt keine Wirkung, oder sie erreichen sogar das Gegenteil — anstelle der Wärme im Arm vielleicht ein Kältegefühl.
Positive Erwartung beim AT bedeutet, geduldig zuwarten, bis die Vorstellungen sich verwirklichen, gleichgültig, wie lange es dauert. Der feste Glaube, dem Ziel, das man sich zur Motivation gesteckt hat, unaufhaltsam immer näherzukommen, muß die Ungeduld bezähmen und verhindern, daß man enttäuscht die «Flinte ins Korn wirft». Kaum einem Anfänger blieben in den bald fünf Jahrzehnten, die AT jetzt schon praktiziert wird, durch Geduld und konsequentes Training Erfolge versagt. Und analysiert man die Mißerfolge, dann findet man als Ursachen fast immer falsche innere Einstellungen.

So einfach die Forderung klingt, auf den Willen beim Training zu verzichten, so schwer fällt sie heute vielen Menschen. Einmal können viele ihre Ängste nicht mehr überwinden und bringen deshalb das Vertrauen nicht auf, das für positive Erwartungen und Vorstellungen sehr wichtig ist. Zum anderen meinen viele in maßloser Selbstüberschätzung, mit bewußter, vernunftgesteuerter Anstrengung praktisch alles erreichen zu können — bis die Natur uns wieder einmal in die Schranken verweist. Wesentlichen Anteil an dieser Entwicklung haben neben dem auf rein materiellen Profit ausgerichteten Denken, das unsere Zivilisation beherrscht, sicher auch die Naturwissenschaften und die Medizin. Gerade willensstarken, energischen Menschen fällt es anfangs oft schwerer als bescheidenen, unsicheren und zurückhaltenden, die AT-Vorstellungen zu verwirklichen. Aber auch sie lernen mit zunehmender Erfahrung, sich passiv den Vorstellungen hinzugeben und sich gehenzulassen, um dadurch gelassen zu werden. Teilweise ist auch das eine Frage der Gewohnheit durch regelmäßiges Training.
Neben diesen Hauptfehlern beim AT können auch zahlreiche äußere Umstände einem Weiterkommen im Wege stehen. Das beginnt bei der Wahl des Übungsraums. Geeignet ist der ruhigste Raum in der Wohnung, gewöhnlich wohl das Schlafzimmer. Er soll vorher gelüftet werden, weil schlechte Luft stark ablenken kann. Während des Trainings schließen Sie Fenster und Türen. Nach Möglichkeit lassen Sie den Rolladen so weit herab, daß angenehmes Halbdunkel im Raum herrscht. Zumindest sollten Sie die Vorhänge zuziehen.
Alle Lärmquellen müssen beim Üben möglichst ausgeschaltet werden. Das gilt vor allem für Telefon und Klingel. Aber auch die Mitbewohner sollten sich während der kurzen Dauer der Übungen möglichst ruhig verhalten. Im Büro wählen Sie zum Training die Zeiten, in denen keine Maschinen klappern, am besten die Mittagspause. Der Fortgeschrittene wird aber auch dann trainieren können, wenn solche Störungen unvermeidlich sind. Schließlich sollten Sie beachten, vor dem Training weder anregende Getränke noch Alkohol zu sich zu nehmen und nicht mit vollem Magen zu üben. Zwar kann AT in solchen Fällen nicht schaden, unter Umständen bleibt der Erfolg aber gering.

Mögliche Begleiterscheinungen und Nebenwirkungen

Viele Menschen erleben gelegentlich – manche fast regelmäßig – abends beim Einschlafen vorübergehende Mißempfindungen wie Kribbeln, Zucken oder ein Gefühl des Fallens. Sie sind darauf zurückzuführen, daß das vegetative Nervensystem die körperlichen und geistigen Funktionen auf Entspannung und Erholung «umschaltet». Besonders bei vegetativ labilen Menschen macht sich diese Umschaltung bemerkbar. Sie ist mit einer nachweisbaren Veränderung der Hirnstromkurve (EEG) verbunden.

Durch AT erzielt man ebenfalls eine Umschaltung im vegetativen Nervensystem, die vor allem beim Anfänger zu ähnlichen Empfindungen führen kann (nicht muß!). Sie sind grundsätzlich harmlos und erfordern keinen Verzicht auf das Training. Am leichtesten und schnellsten wird man damit fertig, wenn man nicht darauf achtet. Der Fortgeschrittene hat dann kaum noch unter solchen Begleiterscheinungen und Nebenwirkungen zu leiden. Lediglich bei der Herzübung gelten bei unangenehmen Begleiterscheinungen besondere Verhaltensregeln, die noch genauer erläutert werden.

Häufigste Begleiterscheinungen beim Training sind Brennen, Kribbeln, Taubheit, Ziehen und Zucken in den Gliedern. Sie machen sich vor allem bei der Schwere- und Wärmeübung als Zeichen der Entspannung bemerkbar. Bei der Atemübung fühlen AT-Anfänger zuweilen, wie sich ihr Körper scheinbar mit der Atmung hebt und senkt. Vorübergehend vergessen manche sogar das Atmen. Das führt zu vorübergehender unangenehmer, aber völlig harmloser Atemnot, bis der Atemrhythmus sich automatisch wieder normalisiert. Die Entspannung der Bauchorgane kann zu Bauchknurren, Abgang von Winden, manchmal auch Übelkeit oder Magendrücken führen. Gelegentlich kommt es infolge der besseren Beckendurchblutung zur sexuellen Erregung, bei Männern sogar in seltenen Fällen bis zum Samenerguß. Während der Stirnübung entstehen durch die Entspannung der Hirnblutgefäße Anfälle von Müdigkeit oder gar Schwindelgefühle.

Bei allen Übungen kann man als Begleiterscheinung Gähnen, Niesen, Husten, Schluckzwang, Speichel-, Tränenfluß und zentralnervöse Erscheinungen wie Sinnestäuschungen (Farb-, Bild-, Geräusch-, Geruchsillusionen), Gedankenflucht mit mangelnder Konzentration, schließlich seelische Begleiterscheinungen wie leichte Angst-, Einsamkeitsgefühle, depressive Verstimmungen oder gesteigertes Wohlbehagen erleben.
Alle diese körperlichen, geistigen und seelischen Begleiterscheinungen beim Training sind, wie gesagt, belanglos. Je weniger Sie darauf achten, desto rascher verschwinden sie. Bei erheblichen Störungen, die vor allem Konzentration und Entspannung stärker beeinträchtigen, empfiehlt sich ein Gespräch mit dem Fachmann. Meist wird er entweder Fehler beim Training feststellen oder zu einer etwas geänderten Formel raten, um die störenden Nebenwirkungen zu verhindern.
Entsprechend der zentralen Stellung, die das Herz im Organismus und in den Vorstellungen der Menschen einnimmt, führt die Herzübung besonders häufig zu unerwarteten Nebenwirkungen. Wie kein anderes Organ reagiert das Herz sehr empfindlich auf unsere Vorstellungen. Wer AT in einem Kurs erlernt, kann bei möglichen Funktionsstörungen mit dem Kursleiter sprechen. Oft genügt es, die Formel leicht abzuändern, um die Begleiterscheinungen zu vermeiden. Organisch Herzkranke sollten auch im Kurs nur dann an der Herzübung teilnehmen, wenn der behandelnde Arzt damit einverstanden ist. *Wer AT im Selbststudium erlernt, verzichtet völlig auf die Herzübung.* Die allgemeine Entspannung greift auch ohne besondere Formel auf das Herz über, so daß man kaum eine verminderte Wirkung in Kauf nehmen muß. Wer nicht auf die Herzübung verzichten will, sollte wenigstens dafür zu Anfang den Therapeuten aufsuchen, auch wenn er die anderen Übungen im Selbststudium erlernt.
Treten nach dem Training Mißempfindungen auf, dann wurde in den meisten Fällen die Zurücknahme (s. S. 15 f.) vergessen. Sie muß nachgeholt werden, indem man sich nochmals kurz in den beim Üben erreichten Trainingszustand zurückversetzt und dann sorgfältig zurücknimmt.

Die sechs AT-Grundübungen

Die AT-Unterstufe besteht aus sechs Übungen, die nach und nach zur vollkommenen Entspannung führen. Beginnen Sie das Training mit der Schwereübung, fügen nach zwei Wochen die Wärmeübung an und so fort, bis Sie nach 12 Wochen alle sechs Übungen beherrschen. An dieses Schema sollte der Anfänger sich genau halten.
Vor jeder Übung und nach je sechs Wiederholungen der einzelnen Formeln schieben Sie jeweils die Ruheformel ein. Sie wurde von Professor Schultz als «richtungweisendes Einschiebsel» bezeichnet und lautet:

Ich bin ganz ruhig.

Dieser Vorsatz wirkt schon bald sehr nachhaltig und führt zu innerer Ruhe, die für das weitere Training sehr wichtig ist.

Vorstellung der Schwere
Die Konzentration auf einen Körperteil gelingt besser, als wenn Sie sie auf den gesamten Körper richten. Deshalb stellen Sie sich das Gefühl der Schwere nur in einem Arm ganz intensiv vor. Gewöhnlich erzielen Sie im rechten Arm die deutlichste Schwereempfindung; Linkshänder konzentrieren sich besser auf den im Alltag bevorzugten linken Arm. Die Schwere im Arm entsteht durch Mehrdurchblutung und kann tatsächlich gemessen werden.
Die Schwerevorstellung begleiten und vertiefen Sie mit der Formel:

Rechter Arm ganz schwer.

Sie wird insgesamt 18mal im Geiste ganz intensiv wiederholt, aber nicht laut gesprochen. Diese Regel gilt auch für alle anderen Formeln. Mit der Zeit entwickeln die Formeln eine geradezu magische Kraft, die augenblicklich intensive Vorstellungen und Empfindungen hervorruft. Eine Formel wirkt um so besser, je kürzer und prägnanter sie ist. Formulieren Sie in der Sprache

(Abb. 5)
AT-Schwereübung

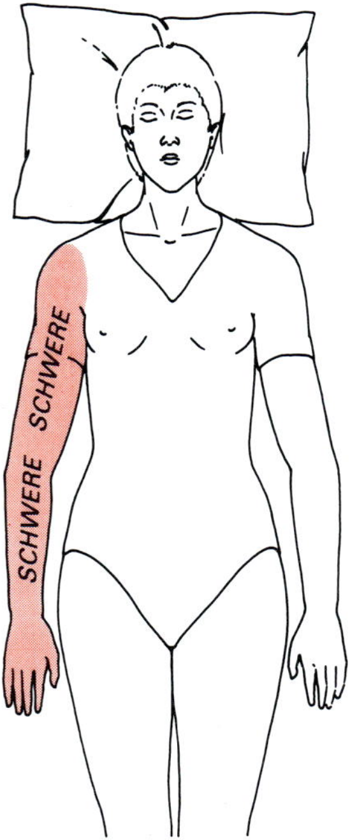

(Abb. 6)
AT-Wärmeübung

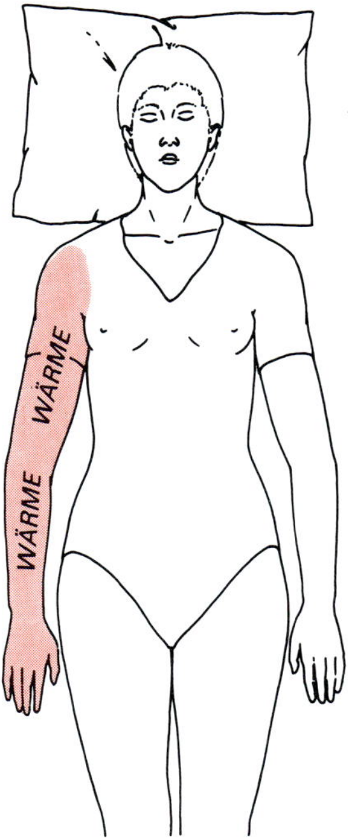

oder in dem Dialekt, den Sie als Kind zuerst gelernt haben: So finden Sie am besten Zugang zu Ihrem Unbewußten. Zu Anfang und nach je sechs Wiederholungen fügen Sie die Ruheformel ein. Das Trainingsprogramm der ersten beiden Wochen lautet also:

Ich bin ganz ruhig. (1mal)
Rechter Arm ganz schwer. (6mal)
Ich bin ganz ruhig. (1mal)
Rechter Arm ganz schwer. (6mal)
Ich bin ganz ruhig. (1mal)
Rechter Arm ganz schwer. (6mal)
Arme beugen und strecken, tief atmen, Augen auf. (1mal)

Es nimmt etwa ein bis zwei Minuten in Anspruch und wird möglichst dreimal täglich absolviert. Auch wenn die Schwere sich bereits in den ersten Tagen deutlich verwirklicht, üben Sie zwei Wochen lang nach diesem Programm. Es empfiehlt sich für Anfänger nicht, vorzeitig zur nächsten Übung weiterzugehen. Tritt das Schweregefühl trotz regelmäßiger korrekter Übung innerhalb dieser zwei Wochen nicht ein, gehen Sie doch zur Wärmeübung weiter. Geduld und tägliches Training führen schließlich fast immer zum Eintritt der Schwere im Arm.
Häufig stellt sich die Wärme noch vor oder gleichzeitig mit der Schwere ein. Auch dann ändern Sie das Trainingsprogramm nicht ab, sondern berücksichtigen die Wärme in den Vorstellungen zunächst überhaupt nicht. Erst ab der 3. Woche üben Sie zusätzlich die Wärmevorstellung.

Die Wärmeübung
Dazu gilt, was schon bei der Schwerevorstellung gesagt wurde: Sie konzentrieren sich auf einen Körperteil, in der Regel auf den rechten Arm, Linkshänder besser auf den linken. Die Vorstellung von Wärme im Arm bewirkt eine Erweiterung der Blutgefäße, die zur meßbaren Zunahme der Hauttemperatur des Arms führt. Die Formel dazu lautet:

Rechter Arm ganz warm.

Diesen Vorsatz stellen Sie sich zwei Wochen lang regelmäßig zwei- bis dreimal täglich je 18mal vor, die Schwerevorstellung wird auf sechsmal pro Übung reduziert. Zu Anfang und nach je sechs Wiederholungen schieben Sie die Ruheformel ein. Das Trainingsprogramm lautet jetzt also:

Ich bin ganz ruhig. (1mal)
Rechter Arm ganz schwer. (6mal)
Ich bin ganz ruhig. (1mal)
Rechter Arm ganz warm. (6mal)
Ich bin ganz ruhig. (1mal)
Rechter Arm ganz warm. (6mal)
Ich bin ganz ruhig. (1mal)
Rechter Arm ganz warm. (6mal)
Arme beugen und strecken, tief atmen, Augen auf. (1mal)

Der Anfänger sollte sich präzise an dieses Programm halten, auch wenn die Wärme schon während der ersten beiden Trainingswochen eintritt oder die Schwere noch nicht deutlich zu spüren ist. Wenn sich die Wärme sehr schnell intensiv einstellt, gehen Sie trotzdem nicht vorzeitig zur Herzübung weiter (wenn überhaupt), sondern erst nach Ablauf von vier Wochen seit Beginn des Trainings.
Kritische Teilnehmer an AT-Kursen werfen immer wieder die Frage auf: Was nützt mir die Entspannung eines Körperteils? Sie scheint zunächst berechtigt. Aber unser Körper, der durch ein sehr feines Netzwerk von Nerven förmlich eingesponnen ist, besitzt eine für die AT-Wirkung entscheidende Eigenschaft: Der Spannungszustand einzelner Muskelgruppen und Gefäße teilt sich mit zunehmender Übung automatisch den anderen Muskeln und Gefäßen mit. Das führt schließlich zur Entspannung des ganzen Körpers und wird als *Generalisierung* bezeichnet. Beim einen stellt sie sich sehr schnell ein, beim anderen dauert es einige Zeit. In jedem Fall führt die Verwirklichung von Schwere und Wärme in einem Arm, ohne zusätzliche Vorstellungen, bei regelmäßigem täglichen Training schließlich zur Ausdehnung auf den gesamten Körper.

Vorsicht bei der Herzübung

Schon die Schwere- und die Wärmeübung bewirken eine Normalisierung der Herzfunktionen und eine bessere Durchblutung des Herzmuskels. Das erklärt sich daraus, daß bei der Generalisierung Hautreflexzonen entspannt werden, die in Beziehung zum Herzen stehen. In AT-Kursen kann man diese Wirkung

(Abb. 7)
Hautzonen mit Beziehung zum Herzen

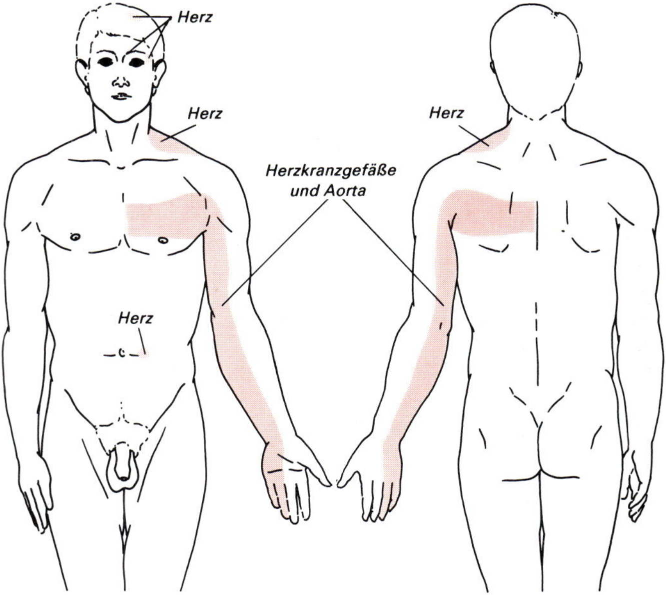

durch die spezielle Herzübung verstärken. Wer AT im Selbstunterricht erlernt, sollte darauf verzichten oder die Herzübung wenigstens unter fachmännischer Aufsicht erlernen. Erfahrungsgemäß treten dabei nämlich häufiger als bei anderen AT-Übungen unerwünschte Nebenwirkungen auf (siehe auch Seite 19 f.), und die Vorstellungen müssen dann individuell abgeändert werden. Das erfordert Erfahrung und Fachwissen, worüber der Anfänger nicht verfügt. Organisch Herzkranke müssen vor der Herzübung mit dem Arzt sprechen, um unangenehme Nebenwirkungen zu vermeiden.

(Abb. 8)
Herzübung –
Reizleitungssystem des Herzens

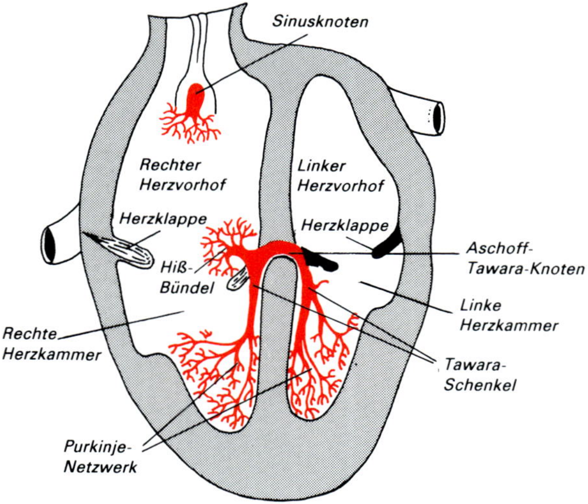

Wer auf die Herzübung verzichtet, geht in der fünften Woche gleich zur Atemübung weiter, alle anderen üben zwei Wochen lang nach der Formel:

Herz schlägt ruhig und gleichmäßig.

Der Therapeut oder Kursleiter kann diese Vorstellung je nach Einzelfall abändern, der AT-Schüler sollte sich genau daran halten, um unerwarteten Herzreaktionen vorzubeugen.
Wie gewohnt, wird die Formel zwei Wochen lang täglich zwei- bis dreimal je 18mal wiederholt, nach je sechs Wiederholungen schieben Sie die Ruheformel ein. Vorangestellt werden je sechs Wiederholungen der Schwere- und Wärmevorstellung mit der Ruheformel. Das Kursprogramm der 5. und 6. Woche lautet also:

Ich bin ganz ruhig. (1mal)
Rechter Arm ganz schwer. (6mal)
Ich bin ganz ruhig. (1mal)
Rechter Arm ganz warm. (6mal)
Ich bin ganz ruhig. (1mal)
Herz schlägt ruhig und gleichmäßig. (6mal)
Ich bin ganz ruhig. (1mal)
Herz schlägt ruhig und gleichmäßig. (6mal)
Ich bin ganz ruhig. (1mal)
Herz schlägt ruhig und gleichmäßig. (6mal)
Arme beugen und strecken, tief atmen, Augen auf. (1mal)

Normalisierung der Atmung

Nicht nur die Herzfunktionen werden schon allein durch die Schwere- und die Wärmeübung deutlich verbessert, auch die Atmung vertieft und normalisiert sich bereits während der ersten vier Wochen des Trainings. Das wirkt sich günstig auf den gesamten Organismus und die geistig-seelischen Vorgänge aus, weil Tiefatmung sich nie mit Verkrampfungen und seelischen Fehlhaltungen vereinbaren läßt. Gerade darunter leiden heute viele Menschen, die charakteristischerweise in der Regel auch zu kurz und hektisch atmen.

Die Atemübung verstärkt gezielt diese AT-Wirkung. Sie beginnt damit in der 7. Woche nach Trainingsbeginn, wenn die Herzübung ausfällt unmittelbar nach der Wärmeübung bereits in der 5. Woche. Die Formel lautet:

Atmung ruhig und regelmäßig.

Sie wird 18mal wiederholt. Vor Beginn der Atemübung und nach je sechs Wiederholungen empfiehlt Professor Schultz allerdings anstelle der sonst üblichen Ruheformel die Vorstellung:

Es atmet mich.

In dieser Formel wird deutlich, daß es bei der AT-Atemübung im Gegensatz zur sonst üblichen Atemgymnastik nicht darum

(Abb. 9)
Atmungssystem (schematisch)

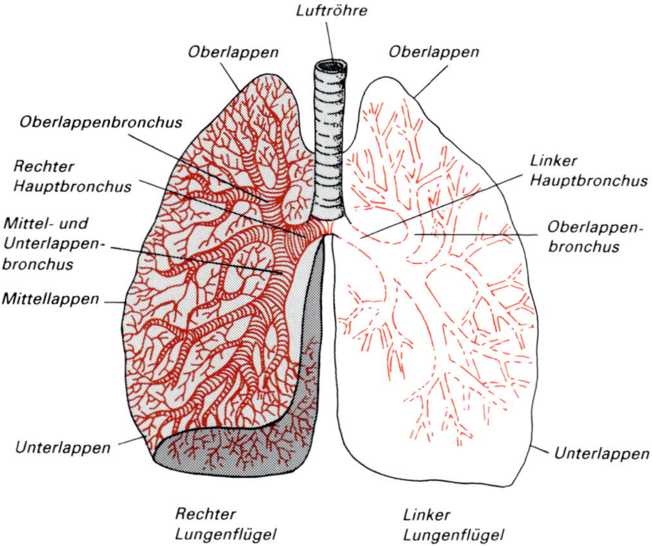

geht, die Atmung willentlich zu beeinflussen. Vielmehr «lassen Sie es einfach atmen», geben sich also ohne jede bewußte Beeinflussung dem natürlichen Atemrhythmus hin. Zu Anfang ist das nicht immer ganz einfach. Viele AT-Schüler «ertappen» sich immer wieder dabei, wie sie die Atmung doch bewußt beeinflussen. Mit zunehmender Erfahrung werden solche Schwierigkeiten aber immer überwunden, und Sie finden dann zum individell richtigen, natürlichen Atemrhythmus. Wenn das binnen zweier Wochen noch nicht vollständig gelungen ist, gehen Sie trotzdem zur nächsten Übung weiter, der Erfolg stellt sich im Laufe der Zeit bestimmt immer deutlicher ein.
Das Trainingsprogramm in der 7. und 8. Woche lautet demnach:

(Abb. 10)
Zwerchfellstellung beim Atmen (schematisch)

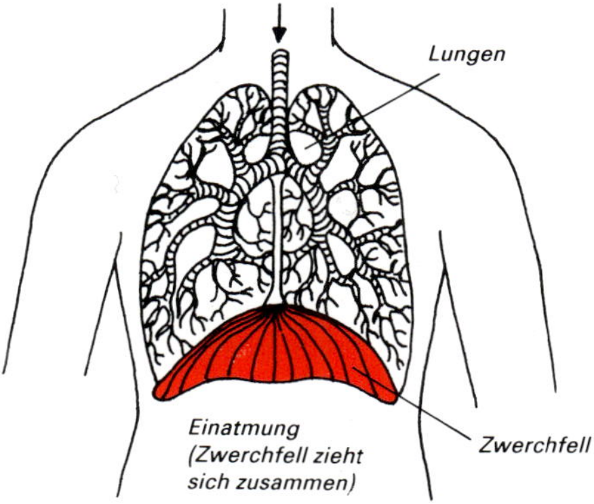

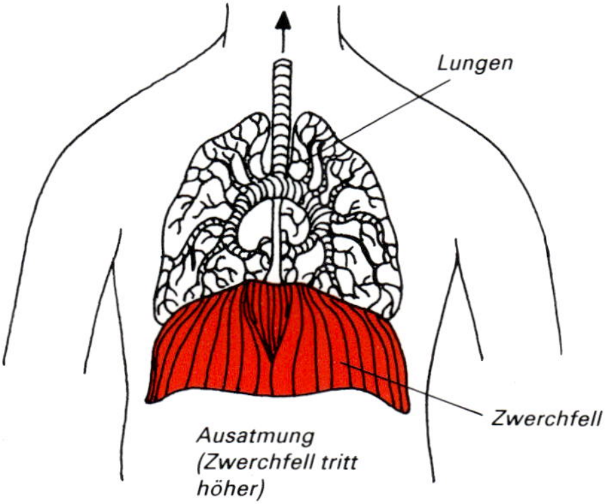

Ich bin ganz ruhig. (1mal)
Rechter Arm ganz schwer. (6mal)
Ich bin ganz ruhig. (1mal)
Rechter Arm ganz warm. (6mal)
Ich bin ganz ruhig. (1mal oder weglassen)
Herz schlägt ruhig und gleichmäßig. (6mal oder weglassen)
Es atmet mich. (1mal)
Atmung ruhig und regelmäßig. (6mal)
Es atmet mich. (1mal)
Atmung ruhig und regelmäßig. (6mal)
Es atmet mich. (1mal)
Atmung ruhig und regelmäßig. (6mal)
Arme beugen und strecken, tief atmen, Augen auf. (1mal)

Wer unter organischen Erkrankungen der Atemwege leidet, kann sie durch die AT-Atemübung meist sehr günstig beeinflussen. Zuvor sollte er aber mit dem behandelnden Arzt sprechen, nach dessen Rat vielleicht die Formel auch individuell etwas abändern.

Strömende Wärme im Leib

Zahlreiche Menschen leiden heute schon in jungen Jahren unter chronischen Verdauungsbeschwerden. Zum Teil sind sie auf die heute übliche unzweckmäßige Zivilisationskost zurückzuführen. Aber auch seelische Ursachen spielen in vielen Fällen eine wichtige Rolle, man denke nur an die Magen- und Zwölffingerdarmgeschwüre.
Vermittler zwischen Seelenleben und Organen ist das vegetative Nervensystem. Sein größtes Nervengeflecht, der Plexus solaris (Sonnengeflecht), liegt im Oberbauch gleich unterhalb des Zwerchfells hinter dem Magen. Es versorgt Magen, Leber, Bauchspeicheldrüse, Dünndarm, einen Teil des Dickdarms, Nieren, Nebennieren und die Milz. Außerdem bestehen Verbindungen zu den Nervengeflechten, die Becken- und Unterleibsorgane versorgen. Dieses große Nervengeflecht wird bei der AT-Leibübung gezielt durch die Vorstellung beeinflußt:

Sonnengeflecht strömend warm.

(Abb. 11)
Sonnengeflecht (rot) von vorne

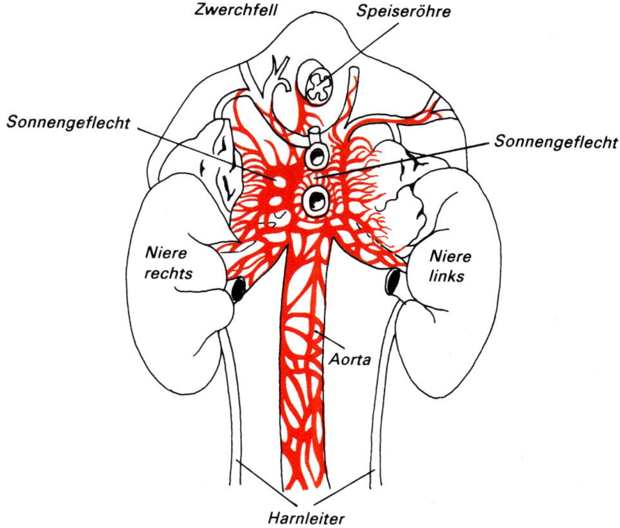

Die Wärme stellen Sie sich in der Gegend zwischen Brustbeinende und Nabel ganz intensiv wie gewohnt 18mal vor und schieben nach je sechs Wiederholungen die Ruheformel ein. Die Übung hilft ausgezeichnet gegen alle Funktionsstörungen der Bauch- und Beckenorgane.

Wem der Begriff Sonnengeflecht beim Üben zu theoretisch erscheint, kann die Vorstellung abändern, indem er Sonnengeflecht durch *Oberbauch* oder *Magengegend* ersetzt. In der Regel ist das aber nicht erforderlich.

Das Trainingsprogramm der 9. und 10. Woche lautet also:

(Abb. 12)
Einflußgebiet des Sonnengeflechts (schematisch)

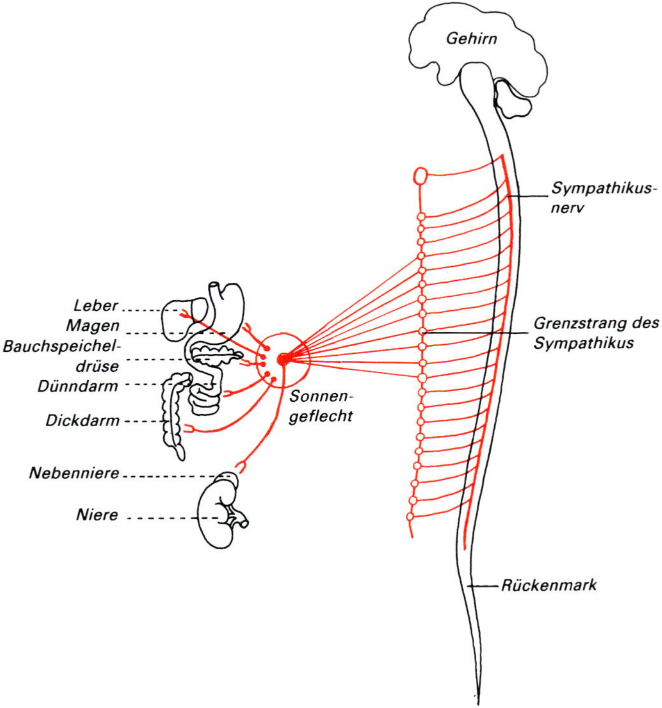

Ich bin ganz ruhig. (1mal)
Rechter Arm ganz schwer. (6mal)
Ich bin ganz ruhig. (1mal)
Rechter Arm ganz warm. (6mal)
Ich bin ganz ruhig. (1mal oder weglassen)
Herz schlägt ruhig und gleichmäßig. (6mal oder weglassen)
Es atmet mich. (1mal)
Atmung ruhig und regelmäßig. (6mal)
Ich bin ganz ruhig. (1mal)
Sonnengeflecht strömend warm. (6mal)
Ich bin ganz ruhig. (1mal)
Sonnengeflecht strömend warm. (6mal)
Ich bin ganz ruhig. (1mal)
Sonnengeflecht strömend warm. (6mal)
Arme beugen und strecken, tief atmen, Augen auf. (1mal)

Übung der Stirnkühle
Die letzte Übung vertieft die bereits erreichte Entspannung noch weiter und wirkt zugleich auch auf unser Verhalten im Alltag positiv. Wer die Stirnkühle beherrscht, behält auch in schwierigen Situationen einen «kühlen, klaren Kopf». Die Formel dazu lautet:

Stirn angenehm kühl.

Sie dürfen kühl niemals durch das Wort kalt ersetzen, sonst kann es erfahrungsgemäß zu Kopfschmerzen, Migräneanfällen, Schwindel oder Ohnmacht kommen.
Auch die Stirnübung wird in der gewohnten Weise täglich zwei bis dreimal je 18mal wiederholt. Das gesamte Trainingsprogramm ab der 11. Woche lautet also:

Ich bin ganz ruhig. (1mal)
Rechter Arm ganz schwer. (6mal)
Ich bin ganz ruhig. (1mal)
Rechter Arm ganz warm. (6mal)
Ich bin ganz ruhig. (1mal oder weglassen)
Herz schlägt ruhig und gleichmäßig. (6mal oder weglassen)

(Abb. 13)
Augenstellung I
(nach innen oben)

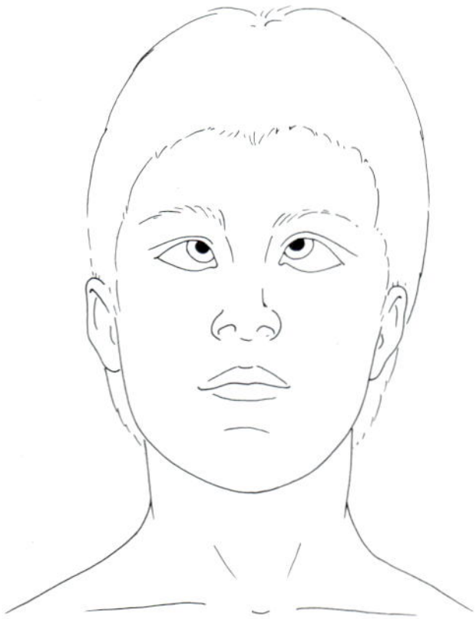

(Abb. 14)
Augenstellung II
(nach innen unten auf Nasenspitze)

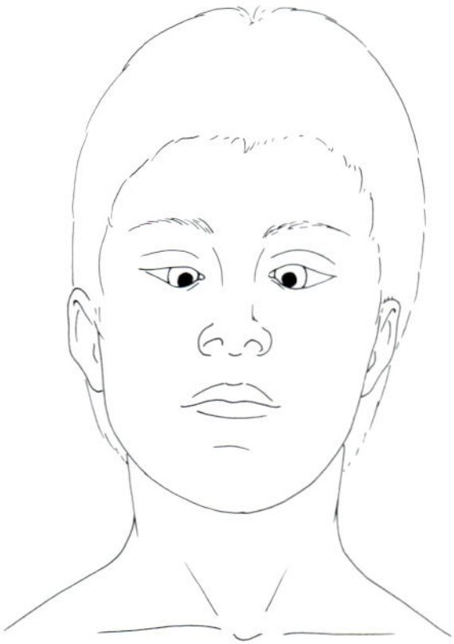

Es atmet mich. (1mal)
Atmung ruhig und regelmäßig. (6mal)
Ich bin ganz ruhig. (1mal)
Sonnengeflecht strömend warm. (6mal)
Ich bin ganz ruhig. (1mal)
Stirn angenehm kühl. (6mal)
Ich bin ganz ruhig. (1mal)
Stirn angenehm kühl. (6mal)
Ich bin ganz ruhig. (1mal)
Stirn angenehm kühl. (6mal)
Arme beugen und strecken, tief atmen, Augen auf. (1mal)

Nach etwa zwei Wochen, wenn die Stirnkühle sich deutlich einstellt, genügt es dann, sich auch diese Übungsformel nur noch sechsmal intensiv vorzustellen, ehe Sie mit der Zurücknahme abschließen.

Selbstbeeinflussung durch Vorsatzformeln

Viele AT-Schüler erzielen allein durch die sechs Grundübungen schon eine spürbare Besserung ihres Allgemeinbefindens und eine günstige Veränderung von eingeschliffenen Einstellungen und Verhaltensweisen, unter denen Sie selber leiden. Mit dieser Allgemeinwirkung muß man sich aber nicht begnügen. Die Stärke des AT liegt vielmehr darin, daß man sich nach erreichter völliger Entspannung gezielt selbst beeinflussen kann. Diese der Selbsthypnose ähnliche Autosuggestion richtet sich je nach Bedürfnis gegen körperliche oder seelische Beschwerden, Abhängigkeiten von Arzneimitteln, Genußgiften oder Drogen, gegen Hemmungen und nagende Selbstzweifel. Sie setzt verschüttete Energien und Leistungsmöglichkeiten frei, fördert die Freude am Leben und die Motivation selbst zu alltäglichen Verrichtungen und führt schließlich zur besseren Selbsterkenntnis und zu einer positiven Lebensgestaltung.

Voraussetzung für die gezielte Selbstbeeinflussung ist die vollständige Beherrschung der sechs AT-Grundübungen. Zwar schadet es nicht, wenn man schon früher Autosuggestionsformeln verwendet; der Erfolg bleibt dann aber unsicher. Deshalb sollte man erst nach etwa zwölf Wochen mit der Selbstbeeinflussung beginnen.

Die individuellen Vorsatzformeln «hängt» man an die Stirnübung an, ehe die Zurücknahme das Training beendet. Sie werden etwa 30mal im Geiste ganz intensiv wiederholt. *Wie bei den Grundübungen ist auch hier jede Willensanstrengung zu vermeiden.* Mit den wohlbekannten «guten Vorsätzen», die den Weg zur Hölle pflastern sollen, haben die Vorsatzformeln des AT nichts zu tun. Eigentlich sollte man besser von positiven Vorstellungen und Empfindungen sprechen, aber der Begriff «Vorsatzformel» hat sich im AT nun einmal eingebürgert. Am besten gelingt die Autosuggestion, wenn Sie sich in positiver Erwartung passiv der Vorsatzvorstellung hingeben und geduldig warten, bis sie sich im Alltag verwirklicht. Das kann Wochen bis Monate dauern, denn sie muß im Unterbewußtsein fest verankert werden, um wirksam zu werden. Es gelingt aber fast immer, wenn Sie beim Training keine Fehler begehen.

Die praktische Erfahrung lehrt, daß man sich nie mehr als eine, höchstens zwei Vorsatzformeln einprägen sollte. Diese wiederholt man konsequent so lange, bis der Erfolg deutlich spürbar wird. Erst danach kann man sich neue Vorsatzformeln vorstellen. Wer sich «verzettelt», also mehr als zwei Dinge auf einmal erreichen will oder jeden Tag andere Formeln verwendet, wird lange auf den Eintritt der Wirkung warten müssen, wenn seine Mühe nicht überhaupt vergeblich bleibt.

Vorsätze positiv formulieren

Unsere Vorstellungen und Erwartungen neigen dazu, sich zu verwirklichen. Positives Denken bedeutet Erfolg, negative Einstellungen führen zu Mißerfolgen und Krankheit. Auf dieses seelische «Grundgesetz» wiesen wir schon mehrfach hin.
Es muß auch bei der Formulierung der Vorsatzformeln zur Autosuggestion beachtet werden. Falsche, negative Vorstellungen rufen Widerstände hervor, führen zu Verkrampfungen und Fehlhaltungen und können den Zustand, den man verändern wollte, noch verschlimmern. Deshalb müssen alle Vorsätze sehr genau durchdacht und sorgfältig formuliert werden. Dazu gibt das übernächste Kapitel einige Beispiele an, weitere Formulierungshilfen findet man unter «Heilanzeigen» beim jeweiligen Stichwort. Wer trotz dieser Hilfen im Einzelfall die richtige Vorsatzformel nicht findet, wendet sich am besten an einen in AT erfahrenen Arzt oder Psychotherapeuten, der ihn individuell beraten kann.

Die Indifferenzformel

Auch positive Vorsatzformeln können noch seelische Widerstände gegen das Ziel mobilisieren. Erst recht gilt das für Gebote und Verbote. Deshalb hat es sich oft gut bewährt, die Vorsätze absichtlich nicht eindeutig auf das Ziel zu richten, sondern die Indifferenzformel (indifferent = gleichgültig) zu wählen. Sie endet immer mit

. . . ganz gleichgültig.

Davor stellt man die Eigenschaft oder Gewohnheit, die man durch AT verändern möchte, zum Beispiel «Rauchen ganz gleichgültig» oder «Erröten ganz gleichgültig». Da diese Formulierungen keine Aufforderungen oder Befehle enthalten und von vornherein jede willentliche Anstrengung ausschließen, können sie auch kaum Widerstand erzeugen. Sie wirken unmerklich, aber zuverlässig immer besser in die gewünschte Richtung, bis das Ziel schließlich «wie von selbst» erreicht ist. Deshalb werden sie von vielen AT-Übenden gerne verwendet.

Wie man die richtigen Vorsatzformeln findet

Welche Vorsatzformeln Sie verwenden wollen, hängt ganz von Ihren persönlichen Bedürfnissen und von Ihrem Geschmack ab. Jeder Übende muß seine eigenen Vorstellungen individuell formulieren. Dennoch sind dabei einige Grundsätze zu beachten. Sie sollen im folgenden an einem konkreten Beispiel aus der Praxis erläutert werden:

Der Patient A., kleiner Angestellter eines großen Industriekonzerns, leidet unter seiner eintönigen Arbeit. Wegen seines verschlossenen, mißtrauischen Wesens kommt er mit seinen Kollegen nicht zurecht. Er steht dauernd unter Hochspannung, die er zu Hause durch ständige Streitereien mit seiner Frau und durch autoritäres Verhalten gegenüber seinen Kindern abreagiert. Der Streß führt auch dazu, daß er «kettenraucht» und abends zur Beruhigung reichlich dem Alkohol zuspricht. Da er selbst ebenso wie seine Familie unter diesem Zustand leidet und der Arzt ihm überdies Nikotin und Alkohol verboten hat, sucht er Hilfe im AT.

A. überlegt sich zunächst, was er in seinem Leben verändern kann und muß. An der eintönigen Arbeit in untergeordneter Stellung läßt sich kurzfristig – wenn überhaupt – kaum etwas ändern. Zwar denkt A. daran, sich später einmal weiterzubilden, wobei ihm das AT sicher gut zustatten kommen könnte. Doch das muß ein Fernziel bleiben. Im Vordergrund stehen A.s persönliche und familiäre Probleme, die Schwierigkeiten im Umgang mit den Kollegen, der Alkohol- und Nikotinmißbrauch.

Angesichts dieser Vielzahl von Problemen denkt A. zunächst an eine Generalformel wie: Ich bessere mich. Das tönt doch posi-

tiv, denkt er; doch er kommt damit nicht weit. Hinter dieser Formel steckt nämlich eine Selbstanklage («Ich bin nicht in Ordnung»), die von A.s Persönlichkeit unbewußt abgelehnt wird. Außerdem bleibt diese Vorstellung zu vage: Sie ruft keine konkreten «hautnahen» Erlebnisse und Gefühle hervor.
Um wirklich Fortschritte zu machen, kommt A. nicht darum herum, seine Probleme klar zu erkennen und nach und nach zu überwinden. Da die Arbeit für ihn eine ständige Frustration bedeutet, beschließt er, zuerst hier anzusetzen. Freude, soviel ist ihm klar, wird er auch durch AT nicht an seiner Arbeit gewinnen können, dazu widerstrebt sie ihm zu sehr. Also überlegt er, welche positiven Vorstellungen ihm *im Zusammenhang* mit seiner Arbeit einfallen. Neidisch denkt er an seine Kollegen, die blendend miteinander auskommen und sich mit Scherzen und Flirten über die Runden bringen. Diese Möglichkeit ist ihm zumindest vorläufig verwehrt. Schließlich fällt ihm der Verdienst ein, der einzige Grund für seine ungeliebte Arbeit. A. verdient zwar nicht ausgesprochen viel, aber er freut sich doch jedesmal auf seine Lohntüte. Er richtet seine Vorstellungen also auf den Verdienst und auf die positiven Möglichkeiten, die er bietet. Eine Formulierung dazu wäre zum Beispiel: *«Arbeit ganz gleichgültig – ich freue mich auf mein Gehalt.»* Mit der Zeit füllt A. den Begriff «Gehalt» mit konkreteren Vorstellungen von Annehmlichkeiten und Vergnügungen, die er sich damit in der Freizeit leisten kann. Nach und nach gelingt es ihm, seine innere Rebellion gegen die Arbeit abzubauen und mehr Ruhe und Gelassenheit zu finden. Dadurch entdeckt er wieder Möglichkeiten, Freude an seinem Leben zu gewinnen, die bisher blockiert waren.
Nun kann A. sein zweites Problem am Arbeitsplatz angehen: die Schwierigkeiten mit den Kollegen. Die Hintergründe mögen in seiner Persönlichkeit, in seiner Arbeitssituation oder in beidem verwurzelt sein. Um sie aufzudecken, müßte A. einen Psychotherapeuten aufsuchen. Aber da AT eine Methode zur Selbsthilfe ist, interessiert diese Frage nicht. Alles, was A. will, ist, die zwischenmenschlichen Beziehungen an seinem Arbeitsplatz zu verbessern. Gut bewährt hat sich in solchen Fällen der Vorsatz: *«Kollegen sind doch ganz nett.»*

Doch A. ist damit überhaupt nicht einverstanden. Zu seinem AT-Kursleiter sagt er ziemlich verärgert, ob denn das autogene Training eine Methode sei, sich selbst zu belügen. Daraufhin rät ihm der Kursleiter, sich an ein einzelnes positives Erlebnis mit einer Kollegin oder einem Kollegen zu erinnern, seine Vorstellungen auf diesem Erlebnis aufzubauen und nach und nach auszuweiten. Auch bei Vorstellungen tritt nämlich derselbe Generalisierungseffekt auf, der schon bei den Körperempfindungen beschrieben wurde.

Mit der Zeit entdeckt A. tatsächlich neue, positive Seiten an seinen Kollegen, seine Abneigung gegen sie bröckelt ab, und nach und nach fällt auch ihnen auf, daß A. sich anders zu ihnen verhält, und sie beginnen ihn zu schätzen. Auf diese Weise kann sich, von einem einzigen Menschen ausgehend, das Klima in einer Arbeitsgruppe deutlich verbessern (auch dies ein Generalisierungseffekt). Als «Nebenwirkung» wird auch die Arbeit erträglicher.

A. kann jetzt die Formel *«Kollegen sind doch ganz nett»* mehr und mehr auch als positives Gegengewicht zu seiner Arbeitsunlust verwenden, zum Beispiel: *«Kollegen sind doch ganz nett — Arbeit ganz gleichgültig — ich freue mich auf mein Gehalt.»*

Da A. jetzt immer seltener verbissen, verärgert und gestreßt von der Arbeit nach Hause kommt, verbessert sich ohne weitere Vorsatzformeln auch das Zusammenleben in der Familie. Außerdem greift A. jetzt seltener zur Zigarette und zum Glas. Da er gesundheitlich aber doch ziemlich stark angeschlagen ist, beschließt er, das Rauchen ganz aufzugeben und nur noch mäßig zu trinken. Da er kein Mann der energischen Vorsätze ist, versucht er es mit der Indifferenzformel: *«Alkohol und Zigaretten ganz gleichgültig.»*

Obwohl seine familiären Probleme schon weitgehend von selbst verschwunden sind, ist A. von der positiven Wirkung des AT mittlerweile so begeistert, daß er nun auch damit beginnt, sein Familienleben suggestiv zu beeinflussen. Er wählt die Formel: *«Ich liebe meine Frau und meine Kinder»,* wobei er sich alle einzeln intensiv vorstellt — es empfiehlt sich, in der Suggestion die Namen der betreffenden Personen zu benutzen. Auch im Kreise seiner Familie macht A. nun die positive Erfahrung, wie seine eigene neue Einstellung dazu führt, daß auch er in zunehmendem Maße Wertschätzung und Liebe erfährt. Die Macht positiver Vorstellungen und Erwartungen wirkt «anstekkend».

Allerdings mußte unser Patient A., obwohl er regelmäßig die AT-Kurse besuchte und zu Hause übte, einige Monate warten, bis sich diese Erfolge einstellten. Diese Ausdauer hat sich aber für ihn mit Sicherheit gelohnt. Der Anfänger muß sich bewußt sein, daß er mit AT seine Probleme nicht von heute auf morgen lösen kann. Daher ist es zu empfehlen, sich als Ziel weniger einen gewünschten Zustand vorzustellen als vielmehr den Weg, der zu diesem Zustand führt. Der Übende erlebt dann jedes Fortschreiten auf diesem Weg, und sei es noch so gering, als einen Erfolg. So können Enttäuschung und Mutlosigkeit ihn viel weniger dazu verleiten, die Flinte vorzeitig ins Korn zu werfen.

A.s lähmende Probleme sind jetzt weitgehend überwunden. Jetzt kann er sich zuversichtlich seiner weiteren Zukunft zuwenden, vielleicht eine neue Stellung suchen oder durch Umschulung den ungeliebten Beruf wechseln. Vor einem Vorstellungsgespräch suggeriert er sich vielleicht: *«Ich bleibe ganz ruhig und gelassen, ich schaffe es.»* Dadurch kann er dem möglichen neuen Arbeitgeber selbstsicherer gegenübertreten, ihn von seiner Qualifikation besser überzeugen und seine Aussichten verbessern.

Schult er dagegen um, eignet sich AT ganz ausgezeichnet als Lernhilfe, zum Beispiel mit Hilfe der Formeln: *«Lernen fällt leicht und macht Freude, ich lerne konzentriert und ausdauernd, mein Gedächtnis behält den Stoff — ich erreiche mein Ziel.»*

Dieser eine Fall veranschaulicht, wie Sie AT zur Lösung zahlreicher alltäglicher Probleme überlegt anwenden können, wie Sie positive Formulierungen finden und Fehler bei der Autosuggestion vermeiden. Und er verdeutlicht, wie AT in relativ kurzer Zeit ein durch negative Umstände belastetes Leben von Grund auf zum Positiven umgestalten kann. Auf diese wirksame Lebenshilfe werden Sie kaum mehr verzichten wollen, wenn Sie einmal damit begonnen haben.

Autogenes Training für Fortgeschrittene

Regelmäßiges tägliches Training führt im Laufe von Monaten bis Jahren schließlich so weit, daß sich die Vorstellungen der sechs Grundübungen fast wie ein Reflex in etwa einer Minute vollständig verwirklichen. Dann können Sie die Grundübungen stark abkürzen, indem Sie sich nur noch einmal ganz intensiv vorstellen:

Ruhe — Schwere — Wärme — Herz und Atmung ganz ruhig — Sonnengeflecht strömend warm — Stirn angenehm kühl. (1mal)

Zur besseren Konzentration richten Sie dabei den Blick hinter den geschlossenen Lidern nach innen oben. Entstehen dabei unangenehme Empfindungen, dann blicken Sie besser nach innen unten, so als wollten Sie die Nasenspitze fixieren. Wird auch das nicht vertragen, muß auf diese Konzentrationshilfe ganz verzichtet werden. Vermutlich besteht dann eine behandlungsbedürftige Augenkrankheit oder Sehstörung.
Nur wer sich binnen einer Minute durch die verkürzten Grundübungen völlig entspannen kann, ist reif für das Training der AT-Oberstufe. Sie muß nicht unbedingt erlernt werden; viele Menschen kommen zeitlebens mit den Grundübungen aus. Wer sich aber der Mühe unterzieht, auch die AT-Oberstufe zu üben, gewinnt dadurch wertvolle Selbsterkenntnisse, wie sie sonst nur mit Hilfe der langwierigen Psychoanalyse möglich wären. Er lernt, sein Verhalten von Grund auf positiv zu ändern, Enttäuschungen zu verarbeiten und mit seinem Unterbewußtsein in Einklang zu leben. Allerdings erfordert die AT-Oberstufe in der Regel die Anleitung durch den erfahrenen Arzt oder Psychotherapeuten. Deshalb beschränken wir uns hier auf eine kurze Darstellung der Übungen.
Oberstufenübung 1: Sie entwickeln dabei bildhafte Vorstellungen, zum Beispiel Farben und Szenen, in denen symbolisch Ihre inneren Einstellungen und Probleme zutage treten. Zunächst stellen Sie sich eine Wiese mit Menschen, Tieren, Wetter, Jahreszeit in allen Einzelheiten vor. Im Geiste gehen Sie über diese

Wiese zu einem Bach, in dem Sie baden und dem Sie dann bis zur Quelle folgen. Die Erlebnisse, die sich nach einiger Übung dabei einstellen, können ähnlich wie Träume gedeutet werden. Anstelle der Wiese können Sie auch ein Haus, Symbol des «Lebensgebäudes», in Ihren Vorstellungen durchstöbern und dabei Einblicke in Ihre unbewußten, verdrängten Lebensprobleme gewinnen.
Die Formel für die erste Oberstufenübung, mit der Sie auch alle anderen Vorstellungen der Oberstufe einleiten, lautet:

Ruhe — Schwere — Wärme — Herz und Atmung ganz ruhig — Sonnengeflecht strömend warm — Stirn angenehm kühl. (1mal)
Die Ruhe vertieft sich. (1mal)
Vor meinem geistigen Auge entsteht ein Bild. (3- bis 5mal)
Das Bild wird deutlicher und farbiger. (3- bis 5mal)
Das Bild steht jetzt deutlich und farbig vor mir. (3- bis 5mal)

Auch bei den Übungen der Oberstufe darf man die Zurücknahme nie vergessen. Sie wird durch folgende Formel vorgenommen:

Die Bilder ziehen sich zurück, die Farben verblassen. (1mal)
Bilder und Farben werden immer undeutlicher. (1mal)
Bilder und Farben sind ganz verschwunden. (1mal)
Ich zähle von 1 bis 5, bei 5 bin ich ganz wach: 1 — Beine ganz leicht; 2 — Arme ganz leicht; 3 — Herz und Atmung normal; 4 — Stirn hat normale Temperatur; 5 — Arme beugen und strecken, tief atmen, Augen auf. (1mal)

Oberstufenübung 2: Diese Übung beginnt wie die erste, anstelle der Wiese oder des Hauses entwickeln Sie dabei aber bildhafte Vorstellungen zu abstrakten Begriffen, zum Beispiel Frieden, Liebe, Glück oder Gerechtigkeit. Indem Sie sie durch die Vorstellungskraft mit Leben erfüllen, können Sie sie so tief im Unterbewußtsein verankern, daß Sie sich schließlich im Alltag ganz selbstverständlich gemäß diesen Werten verhalten.

Oberstufenübung 3: Mit dieser Übung «zapfen» Sie den gewöhnlich nicht zugänglichen Schatz an Erfahrungen an, der im Unterbewußtsein gespeichert ist. Symbolisch teilt Ihnen das Unterbewußtsein bei dieser Übung mit, wer Sie sind, wie Sie sich ändern sollten, was Sie werden können. Wenn Sie die Symbole entschlüsseln und sich nach der Botschaft richten, die aus den Tiefen der Seele stammt, finden Sie zu sich selbst, können sich selbst verwirklichen und krankmachende Konflikte zwischen verdrängten oder unbewußten Neigungen und Wünschen und Ihrem bewußten Streben und Wollen vermeiden. Gerade für uns in sich zerissene moderne Menschen ist diese Übung sehr wertvoll.

Oberstufenübung 4: In Ihrer Vorstellung tauchen Sie dabei in die Tiefen des Meeres, das Ihr Unterbewußtsein symbolisiert. Sie erforschen es gründlich und erleben dabei Abenteuer und Gefahren, die symbolisch für die Auseinandersetzung mit unbekannten oder uneingestandenen Aspekten Ihrer Persönlichkeit stehen. Gleichzeitig gelingt es durch diese Übung, Aggressionen gegen sich selbst und andere abzubauen, sich selbst und andere vorbehaltlos anzunehmen.

Oberstufenübung 5: Bei dieser Übung ersteigen Sie einen Berg, schwingen sich symbolisch also zu neuen Bewußtseinshöhen empor und erlangen einen besseren Überblick über Ihr Leben. Auf dem Berg treffen Sie in der Vorstellung auf einen alten Einsiedler, der vor einer Höhle sitzt. Sie untersuchen die Höhle und sprechen danach mit dem weisen Mann, der die «Weisheit der Seele» verkörpert. Durch diese Symbolfigur spricht das Unterbewußtsein zu Ihnen. Wer diese Übung beherrscht, kann sich vor allen wichtigen Entscheidungen mit dem weisen Einsiedler «beraten» – und wenn er der Stimme seines Unterbewußtseins folgt, wird er seine Entscheidungen hinterher nur selten zu bereuen haben. Die Seele irrt sich nicht, sie zeigt uns den richtigen Weg, nach dem wir in Einklang mit uns selbst zufrieden und glücklich leben können.

Oberstufenübung 6: Ziel dieser letzten Übung ist es, verdrängte Erlebnisse aus früherer Zeit wieder bewußt zu machen und zweckmäßig zu verarbeiten. Dadurch verlieren sie ihre krankmachende Wirkung, die sich in neurotischen Ängsten und

Verhaltensstörungen ausdrücken kann. Sie stellen sich dazu am besten vor, daß Sie einen Vulkanausbruch miterleben und erkennen, was aus dem Krater geschleudert wird. Es symbolisiert alles, was Sie selbst aus sich herausschleudern möchten. Diese Vorstellung kann sehr befreiend wirken.
Jede der sechs Oberstufenübungen beginnt mit der Einleitung wie bei Übung 1 und endet mit der dort beschriebenen Zurücknahme, die Sie auch bei der Oberstufe nie vergessen dürfen.
Da die AT-Oberstufe mit der Psychoanalyse nahe verwandt ist, kann es während des Trainings auch beim Erfahrenen notwendig werden, einen Psychotherapeuten aufzusuchen. Er hilft, mit den bewußt gewordenen Inhalten des Unterbewußten fertig zu werden und Symbole richtig zu deuten. Seine Hilfe ist vor allem dann erforderlich, wenn man die Symbole nicht selbst entschlüsseln kann oder negative seelische Veränderungen im Lauf des Trainings bemerkt.

Anwendungsgebiete für Gesunde

In erster Linie eignet sich AT zur positiven Selbstbeeinflussung der gesamten Lebensweise und der inneren Einstellungen. Daraus ergeben sich vielfältige praktische Anwendungsmöglichkeiten. Sie sind so zahlreich und individuell wie die Hoffnungen, Wünsche, Ziele und Probleme der Menschen. Es ist unmöglich, sie auch nur annähernd vollständig aufzuführen.
Darüber hinaus kann regelmäßiges AT zu einem Bestandteil der täglichen Gesundheitspflege werden, wie die Gymnastik am Morgen oder das Zähneputzen nach dem Essen. Vielen zivilisationsbedingten körperlichen und seelischen Beschwerden beugt es wirksam vor, zahlreiche gesundheitsschädliche Gewohnheiten baut es zuverlässig und ohne schädliche Nebenwirkungen ab. AT kann bereits im Kindesalter erlernt werden, und es kann einen Menschen durch sein ganzes Leben begleiten. Es ist aber nie zu spät, AT zu erlernen, in welchem Alter auch immer.

Erholung und Schlaf wie auf Kommando
Viele Menschen leben heute in einem ständigen Teufelskreis: Am Morgen erwachen sie wie zerschlagen aus bleiern schwerem, kaum erholsamem Schlaf. Um den Anforderungen des Alltags gerecht zu werden, schlucken sie gleich nach dem Aufstehen Pillen zur Anregung. Diese wirken so nachhaltig, daß sie bald darauf zu Beruhigungsmitteln greifen müssen. Der Tiefpunkt am Mittag wird wieder durch Anregungsmittel überwunden, nach Feierabend fühlen sie sich dann so «ausgebrannt», daß sie den Tag vor dem Fernsehgerät beenden. Da sie dabei aber nicht abschalten können, nehmen sie vor dem Schlafengehen noch Schlaftabletten ein. Das Wochenende verläuft kaum erholsamer: Stundenlange Autofahrten, ausgedehnte nächtliche Vergnügungen oder viele Stunden vor dem Fernsehapparat.
Der moderne Mensch verliert zunehmend die Fähigkeit, seinen Tag sinnvoll in Arbeit, Erholung und Schlaf einzuteilen. Allein in der Bundesrepublik Deutschland schnellte die Zahl der Schlafgestörten in den letzten zwölf Jahren von 10 auf rund 20 Millionen hinauf; in anderen Industriestaaten beobachtet man eine ähnliche Entwicklung. Arzneimittel können das Problem nicht lösen. Bei Langzeitgebrauch führen sie fast immer zu ernsten Nebenwirkungen und in eine suchtähnliche Abhängigkeit. Vielmehr muß der Mensch wieder lernen, sich wie auf Kommando zu entspannen, zu erholen und ausreichend zu schlafen. Konsequentes AT bietet dazu die sicherste, ungefährlichste und billigste Möglichkeit. Oft genügen schon die Grundübungen, verstärkt wird ihre Wirkung durch gezielte Autosuggestion.
Zeit zur kurzen Erholung auf Kommando gibt es im Laufe des Tages immer wieder; man denke an Zigaretten- und Kaffeepausen, die in den meisten Betrieben üblich sind. Anstelle solcher Genußmittel können Sie in diesen Pausen AT durchführen. Als Vorsätze eignen sich zum Beispiel: *«In fünf Minuten völlig frisch und munter»*, oder *«Ich schlafe 15 Minuten tief und fest, erwache dann erholt und frisch»*.
Schon nach kurzem, regelmäßigem Training können Sie die Wirkung solcher Vorstellungen erleben. Nach Feierabend können Sie sich mit derartigen Formeln rasch von den Anstrengun-

(Abb. 15)
Normaler Schlaf-Wach-Rhythmus

a) beim Säugling

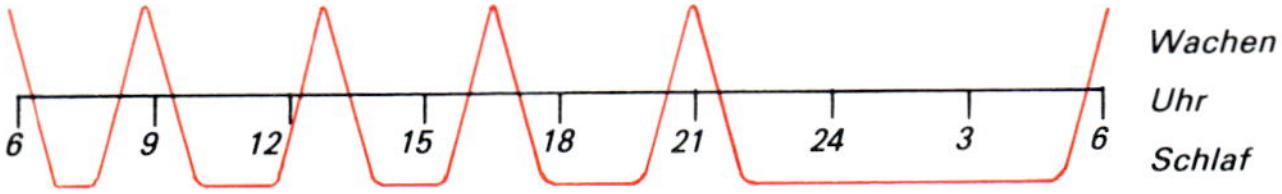

b) beim Schulkind

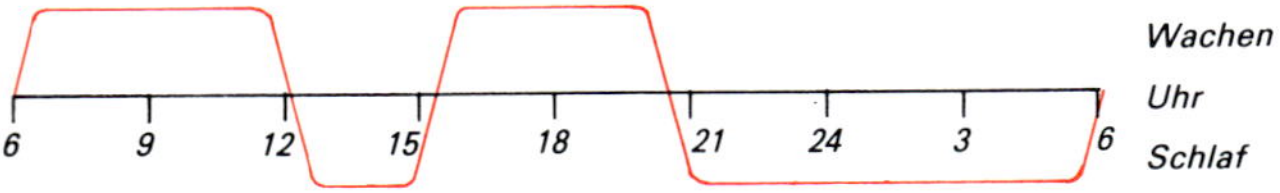

c) beim Erwachsenen

gen des Arbeitstages erholen und danach mit neuen Kräften die Freizeit viel positiver gestalten.
Schlafstörungen treten als Einschlaf-, Durchschlaf- und Aufwachstörungen auf. Die vielfältigen Ursachen können hier nicht näher beschrieben werden. Wer unter chronischen Schlafstörungen leidet, sollte aber immer durch ärztliche Untersuchung körperliche Ursachen ausschließen lassen.
Als Hauptformel gegen alle Schlafstörungen eignet sich die Vorstellung: *«Ich schlafe sofort und die ganze Nacht durch — erwache am Morgen frisch und erholt.»*

(Abb. 16)
Gestörter Schlaf-Wach-Rhythmus I: Einschlafstörung

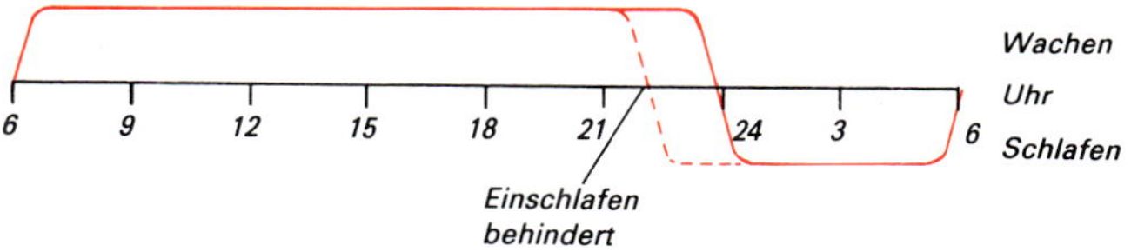

(Abb. 17)
Gestörter Schlaf-Wach-Rhythmus II: Durchschlafstörung

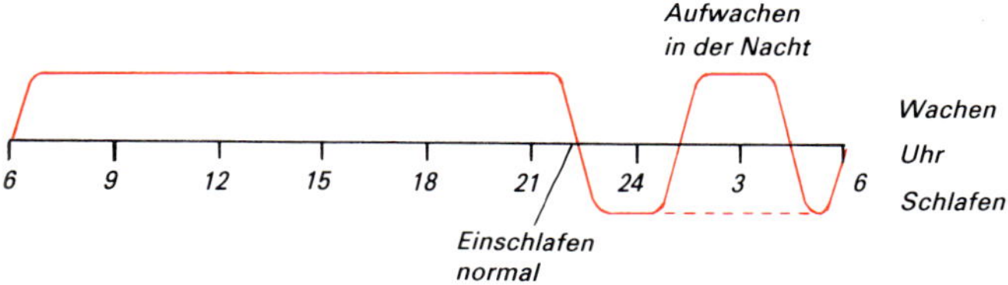

Vielleicht bevorzugen Sie hier bei der Formulierung die «passivere» und zugleich prägnantere Grundform, der sich ja auch die Kinder zuerst bedienen: *«Sofort schlafen, die ganze Nacht durch – am Morgen frisch erwachen.»*
Wer schlecht einschläft, verwendet statt dessen die Formel: *«Ich sinke sofort in tiefen Schlaf ...» (usw.) oder «Sofort in tiefen Schlaf sinken ...» (usw.).*
Gegen Durchschlafstörungen hilft der Vorsatz: *«Ich schlafe tief, die ganze Nacht durch – erwache erst um ...* (Uhrzeit) – *frisch und erholt»* oder *«Tief, tief schlafen, die ganze Nacht durch, erst um ... erwachen».*
Wacht man am Morgen wie zerschlagen auf, versucht man es mit folgender Vorstellung: *« ... am Morgen frisch, erholt und munter.»*

Behindert stundenlanges Grübeln über Sorgen und Probleme das Einschlafen, wendet man die Indifferenzformel wie folgt an: *«Gedanken und Sorgen ganz gleichgültig – sofort tief schlafen» (ich sinke sofort bis zum Morgen in tiefen Schlaf).*
Lärm verliert an schlafstörender Wirkung, wenn man sich vorstellt: *«Lärm ganz gleichgültig – begleitet den Schlaf.»*
An diese Formulierungsbeispiele brauchen Sie sich nicht sklavisch genau zu halten. Sie dienen mehr der Anregung, wie Sie die Ihnen gemäße, individuelle und möglichst prägnante Formulierung zur Autosuggestion finden können. Die Beispiele sollen zeigen, worauf es ankommt: Das, woran es fehlt, muß in der Formel besonders deutlich betont werden.

Entspannung schützt vor schädlichem Streß
So lebensnotwendig Schlaf und Erholung für den Menschen sind, so wichtig ist für seine Gesundheit auch eine gewisse Streßbelastung. Erst im Übermaß fördert Streß Krankheiten wie Infarkt und Magengeschwüre. Das erklärt sich daraus, daß unser Körper auf Streß noch immer so primitiv wie in der Steinzeit reagiert. Er wird von Hirnzentren auf Angriff oder Flucht vorbereitet. Im Streß des Autostaus am Morgen oder im Büroalltag nützen solche Reaktionen nichts. Sie können nicht sinnvoll eingesetzt werden und richten sich deshalb gegen den Organismus selbst. Kommt das zu häufig vor, entstehen unweigerlich ernste organische Störungen.
Allein die durch AT trainierte Fähigkeit zur raschen, völligen Entspannung genügt, um schädliche Streßreaktionen auf Kommando abzubauen. Stellen Sie sich nach einem aufregenden Erlebnis oder einer Anstrengung einfach vor: *«Ich bin ganz ruhig und gelassen – entspanne mich völlig.»*
Noch empfehlenswerter ist es natürlich, schädlichen Streßreaktionen soweit wie möglich vorzubeugen, sie also zu kontrollieren. Dazu trägt allein die Entspannung durch die Grundübungen viel bei. Zusätzlich suggeriert man sich regelmäßig: *«Ich bleibe immer und überall ganz ruhig und gelassen – Kopf bleibt kühl und klar.»*

(Abb. 18)
Streßwirkungen (schematisch)

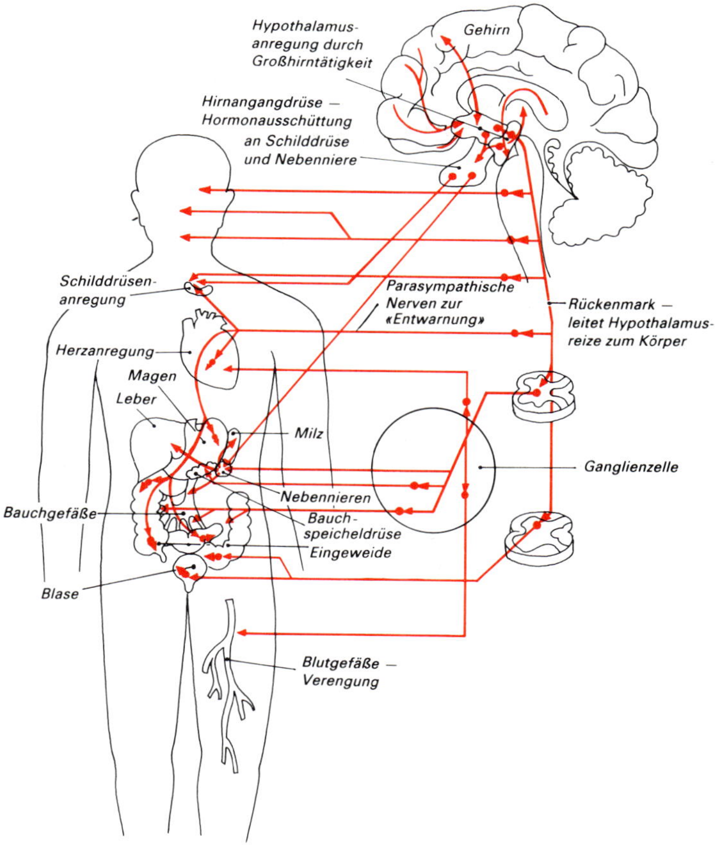

Formeln dieser Art nützen der Hausfrau ebenso wie dem Generaldirektor, dem Schüler und der Angestellten, denn wir alle stehen unter Streß. Von unseren individuellen Reaktionen hängt es ab, ob Streß uns schadet oder nützt. Wer die Reaktionen gezielt zu kontrollieren versteht, kann stärkerem und längerem Streß widerstehen als der nicht durch AT Geübte.

Steigerung der Konzentration und Leistungsfähigkeit
Jeder Mensch verfügt nur über eine begrenzte körperliche und geistige Leistungsfähigkeit. Allerdings wird diese nur selten ganz ausgeschöpft, was auch gar nicht sinnvoll wäre. Auch AT kann diese Leistungsgrenzen nicht ausdehnen und darf nie dazu mißbraucht werden, die stillen Leistungsreserven für den Notfall zu mobilisieren, sonst droht die völlige Erschöpfung. Wenn die Leistungsfähigkeit durch AT gesteigert werden soll, dann nur über den Abbau von «Leistungsbremsen». Dazu gehören vor allem mangelnde Motivation, fehlendes Vertrauen in die eigenen Fähigkeiten und die heute bereits bei Kindern verbreitete Konzentrationsschwäche. Die Formeln zur Selbstbeeinflussung hängen natürlich weitgehend von der Situation des einzelnen ab. Deshalb können hier nur einige Beispiele zur Anregung angeführt werden. Mangelnde Motivation zur Leistung können Sie etwa durch folgende Vorstellungen abbauen: *«Arbeit gelingt und macht Freude»* oder *«Ich lerne aufmerksam, mit Liebe und Lust — Lernen fällt leicht»* oder *«Ich arbeite mit Freude, leicht und aufmerksam».* Entscheidend ist dabei, daß Sie sich das nicht bloß einreden, sondern es ganz tief empfinden. Gehen Sie von einzelnen positiven Erlebnissen aus, die mit Ihrer Arbeit verbunden sind, oder stellen Sie sich plastisch vor, wie Ihr Gedächtnis neugierig den Lernstoff in sich aufnimmt.
Fehlt das Vertrauen in die Leistungsfähigkeit, dann empfehlen sich positive Vorstellungen wie: *«Ich schaffe es»* oder *«Ich erreiche mein Ziel».* Dabei ist empfehlenswert, die Ziele nicht allzu hoch zu stecken, denn mangelndes Selbstvertrauen kommt oft daher, daß man sich selber überfordert.
Gegen Konzentrationsschwäche helfen Vorstellungen wie: *«Ich arbeite gesammelt und aufmerksam»* oder *«Arbeit gelingt — ich bleibe gelassen und gesammelt».*

Gegen eine ungeliebte Arbeit, zu der die Motivation fehlt und die Konzentration rasch nachläßt, hilft die Indifferenzformel: *«Arbeit völlig gleichgültig – ich bleibe aufmerksam und gesammelt und fühle mich wohl»* oder *«Arbeit gleichgültig – ich halte durch»*. Um dies zu erleichtern, können Sie die Vorfreude auf den Feierabend in Ihre Vorstellungen mit einbauen.
Bestehen gleichzeitig Konzentrations- und Gedächtnisstörungen, vermindert man diese Leistungshindernisse durch die Formel: *«Ich arbeite (lerne) aufmerksam und gesammelt – Gedächtnis behält alles»* oder *«Gedächtnis merkt sich alles – ich erinnere mich jederzeit»*.
Bei Bedarf können verschiedene Vorstellungen zur besseren Leistung miteinander kombiniert werden.
In den letzten Jahren nutzen auch Leistungssportler immer häufiger die Möglichkeiten des AT mit besten Erfolgen. Die Übungen helfen ihnen, das notwendige tägliche Training durchzustehen, das viel Selbstdisziplin und persönliche Entbehrungen erfordert, den Glauben an den Sieg zu aktivieren und nach dem Start alles zu geben, ohne vor Aufregung verkrampft und unsicher zu werden. Dazu eignen sich Vorstellungen wie: *«Ich trainiere mit Freude locker, kraftvoll und regelmäßig – ich schaffe es»* oder *«Ich starte locker und kraftvoll – ich gebe alles – ich schaffe es»* oder *«Sieg und Gegner völlig gleichgültig – ich bleibe locker und gebe alles – ich schaffe es»*.
Viele erfahrene Trainer möchten auf diese wertvolle Hilfe nicht mehr verzichten. Aber auch der nicht nach Höchstleistungen strebende Sportler, der Sport zur Gesundheitspflege betreibt, kann sich durch ähnliche AT-Formeln vorbereiten und das Verletzungsrisiko vermindern, denn ein lockerer Bewegungsablauf führt kaum zu Läsionen.

Hilfe bei Nervosität

Unter dem Sammelbegriff «Nervosität» faßt man verschiedene unklare Symptome zusammen, die teilweise auf Fehlfunktionen des vegetativen Nervensystems zurückzuführen sind. Dazu gehören zahlreiche Funktionsstörungen von Organen, nervöses Schwitzen, Lidflattern, Zittern, Zuckungen, Gereiztheit, Unruhe, schwankende Stimmungslage und Schlafstörungen. Die Neigung dazu kann angeboren sein, wie man es oft vor allem bei sensiblen Menschen feststellt, oder wird durch verschiedene körperliche und seelische Störungen im Laufe des Lebens erworben. Wenn die immer notwendige ärztliche Untersuchung keinen Hinweis auf behandlungsbedürftige Erkrankungen als Ursache ergibt, kann AT mit gutem Erfolg zur Linderung solcher lästigen Störungen angewendet werden. Häufig bewirken schon die Grundübungen eine deutliche Besserung. Verstärkt wird diese durch individuelle, gezielte Vorstellungen, zum Beispiel: *«Ich bleibe immer und überall ruhig, gelassen und frei — Aufregung ganz gleichgültig»* oder *«Ich fühle mich ruhig, gelassen und geborgen — Kopf kühl und klar».*

Gegen das vor allem an den Händen unangenehme nervöse Schwitzen suggeriert man sich zum Beispiel: *«Ich bin ruhig und gelassen — Hände kühl und trocken»* oder *«Schwitzen ganz gleichgültig — überall Ruhe, Gelassenheit und Geborgenheit».*

Stimmungsschwankungen und Gereiztheit, unter denen nervöse Menschen ebenso wie ihre Umwelt leiden, beeinflußt man wie folgt: *«Ich bin ruhig, gelassen und froh, bleibe ausgeglichen, kühl und frei»* oder *Launen (Stimmungen) völlig gleichgültig — ich bleibe ruhig und ausgeglichen».*

Solche Vorstellungen helfen nicht von heute auf morgen und sind nicht so bequem wie Beruhigungstabletten anzuwenden. Regelmäßiges Training wirkt aber immer, ohne daß man Nebenwirkungen in Kauf nehmen müßte. Schließlich kann man durch AT auch eine positive Persönlichkeitsveränderung und Stärkung des vegetativen Nervensystems erreichen, wie sie von Tabletten kaum zu erwarten ist. Wenn Sie die AT-Oberstufenübungen beherrschen, können Sie sich konkrete Szenen vorstellen, in denen Sie gelassen bleiben, zum Beispiel: Sie haben den Zug verpaßt, Ihr Chef kritisiert Ihre Arbeit usw.

Andere Anwendungsmöglichkeiten

Von den zahlreichen anderen Anwendungsgebieten des AT seien hier in alphabetischer Reihenfolge noch einige wichtige hervorgehoben. Die Möglichkeiten des AT sind damit noch lange nicht erschöpft. Es ist aber unmöglich, auf alle möglichen Einzelfälle einzugehen. Wer unsicher ist, ob und wie er AT in seiner speziellen Situation anwenden kann, bespricht diese Frage am besten mit seinem Arzt oder einem Psychotherapeuten.

Erröten — Hemmungen — Unsicherheit: Wenn keine tiefgreifenden neurotischen Störungen zugrunde liegen, können diese drei Symptome durch Autosuggestion meist gut beeinflußt werden. Sie treten häufig gemeinsam auf. Gegen Erröten allein hilft die Indifferenzformel: *«Erröten ganz gleichgültig — Stirn und Wangen angenehm kühl — ich bleibe ruhig und gelassen.»*

Hemmungen und Unsicherheit im Umgang mit anderen Menschen überwindet man allmählich durch die Vorstellung: *«Gegenüber jedermann ruhig, gelassen und sicher — ich fühle mich frei und geborgen.»*

Genügen solche Formeln allein nicht, kann man sie durch Psychotherapie wirkungsvoll unterstützen.

Geburtsvorbereitung: Auf Schwangerschaft und Geburt kann sich die werdende Mutter neben der Schwangerschaftsgymnastik ausgezeichnet durch AT vorbereiten. Viele Schwangerschaftsbeschwerden lassen sich durch eine Vorstellung wie *«Mein Bauch (meine Schwangerschaft) macht mich glücklich — ich nehme mein Kind an und bin locker, entspannt und froh»* vermeiden. Wenn dadurch allein das Schwangerschaftserbrechen nicht verhindert wird, hilft die zusätzliche Formel: *«Magen ruhig und gelassen, behält alles.»* Fachärztliche Untersuchung ist allerdings erforderlich, denn manchmal liegt dem Erbrechen eine Vergiftung zugrunde.

Auf die schmerzlose Geburt bereitet man sich nach Empfehlung des Arztes oder der Hebamme durch AT-Vorstellungen wie *«Geburt gelingt — ich freue mich auf mein Kind, bin ruhig und entspannt»* vor. In vielen Kliniken gehört AT heute bereits zur Schwangerschaftsgymnastik.

Gewichtsabnahme: Das heute weitverbreitete Übergewicht kann durch AT allein nicht normalisiert werden; eine gewisse Diät nach Anweisung des Therapeuten ist immer erforderlich. Aber AT hilft wirkungsvoll, eine solche Schlankheitskur durchzuhalten und sich auch später beim Essen so zu verhalten, daß kein neues Übergewicht mehr entsteht. Dazu stellt man sich Formeln vor, die falsche Eßgewohnheiten direkt beeinflussen

und die oft vorhandenen seelischen Ursachen lindern, zum Beispiel: *«Ich bin ruhig (gelassen, geborgen) und froh — Essen zwischen den Mahlzeiten ganz gleichgültig»* oder *«Ich esse ruhig, gelassen und ganz bewußt — zwischen den Mahlzeiten angenehm satt»* oder *«Ich fühle mich sicher, ruhig und wohl — Süßigkeiten ganz gleichgültig — ich schaffe es».*
Wer eine Fastenkur durchführt (nie länger als drei Tage ohne Arzt), überwindet Hungergefühle durch die Vorstellung: *«Essen ganz gleichgültig — Fasten macht frei.»* Übertreiben darf man Schlankheitskuren aber nicht, sonst drohen vielfältige Beschwerden und Mangelkrankheiten.
Prüfungsangst: Manche Schüler und Studenten gingen schon ausgezeichnet vorbereitet ins Examen, versagten aber, weil die Prüfungsangst ihr Wissen förmlich blockierte. Gegen dieses Lampenfieber bewährt sich der Vorsatz: *«Prüfung völlig gleichgültig — ich weiß alles und schaffe es gelassen, ruhig und sicher.»* Damit beginnt man einige Wochen vor der Prüfung, damit die Vorstellung sich tief ins Unterbewußtsein einprägen kann.
Reisekrankheit: Gegen Flugangst, Seekrankheit und Reiseerbrechen gibt es zwar verschiedene Arzneimittel mit guter Wirkung, überwiegend erzeugen sie aber unangenehme Ermüdungserscheinungen. Fahrzeuglenker dürfen sie daher überhaupt nicht einnehmen (strafbar!). Bewährt hat es sich, die Neigung zur Reisekrankheit wie folgt zu bekämpfen:
- *Vor Antritt der Reise ausreichend schlafen!*
- *Ab dem 2. Tag vor Reisebeginn keine schweren, fetten Mahlzeiten mehr zu sich nehmen!*
- *Rechtzeitig durch AT vorbereiten, zum Beispiel mit der Vorstellung: «Magen ruhig und gelassen, behält alles — Bewegung gleichgültig, ich genieße die Reise.»*

Vor längeren Fahrten kann sich der Fahrer durch AT wie folgt vorbereiten: *«Ich fahre gelassen, frisch und hellwach, Aufmerksamkeit bleibt — ich schaffe es.»*
Natürlich darf man auch nach dieser Vorbereitung ein vernünftiges Kilometerpensum am Tag nicht ungestraft überschreiten.
Sexuelle Probleme: Auch gesunde und völlig normale Menschen sind gelegentlich frigide oder impotent. Die Ursachen

sind meistens Müdigkeit, Streß oder der Versuch, mit Willenskraft ans Ziel zu kommen, obwohl man innerlich nicht dazu bereit ist. Schon durch die AT-Grundübungen wird man diese Verkrampfung in vielen Fällen lösen können. In schwereren Fällen siehe Kapitel «Heilanzeigen», Seite 74.

Heilanzeigen des autogenen Trainings

Schon die Ärzte der Antike wußten, wie wichtig der Glaube des Kranken an seine Heilung ist. Heute wissen wir sicher, daß positive Vorstellungen tatsächlich die Selbstheilungskräfte von Körper und Seele mobilisieren, zuweilen sogar in scheinbar aussichtslosen Fällen noch zur Genesung führen. Daraus ergeben sich die zahlreichen Heilanzeigen des AT. Die wichtigsten sind hier kurz besprochen. Grundsätzlich kann AT aber bei jeder Erkrankung zur unterstützenden Therapie empfohlen werden.

Psychosomatische Krankheiten — eine Domäne der Selbstbeeinflussung

Zahlreiche Patienten erfahren Tag für Tag vom Arzt: «Organisch sind Sie gesund, das sind die Nerven.» Und obwohl sie wirklich unter starken Beschwerden leiden, die durch Funktionsstörungen innerer Organe hervorgerufen werden, verdächtigt ihre Umwelt sie allzuoft leichtfertig als «eingebildete Kranke». Dank der Forschungsarbeiten der noch relativ jungen psychosomatischen* Medizin kennen wir heute eine Reihe von Erkrankungen, die mit Sicherheit auf seelische Ursachen zurückzuführen sind. Dazu gehören Magen-, Zwölffingerdarmgeschwüre, Bronchialasthma, manche Herzbeschwerden, bestimmte Hautleiden und Wetterfühligkeit. Seelische Ursachen spielen aber auch bei Bluthochdruck und Herzinfarkt, vermutlich sogar bei Krebs und bei den meisten Erkrankungen überhaupt eine wichtige Rolle, auch wenn man darüber andere Ur-

* psychisch = seelisch, somatisch = körperlich

(Abb. 19)
Vegetatives Nervensystem (schematisch)

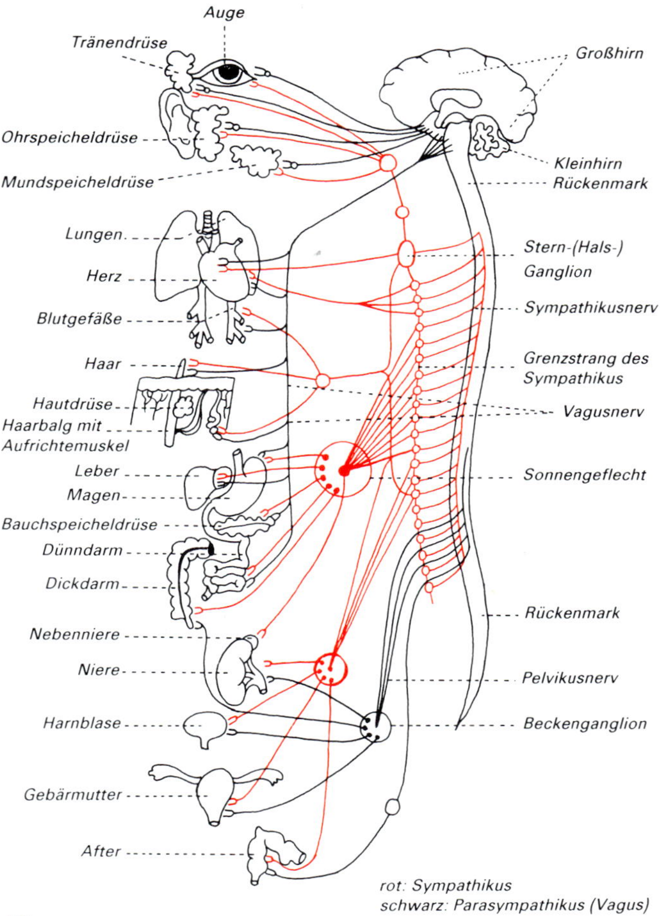

sachen nicht vergessen darf. Durch gezielte positive AT-Vorstellungen lassen sich solche Leiden meist gut beeinflussen. Allerdings sollte zuvor eine gründliche Untersuchung durch den Arzt erfolgen, mit dem man auch die Vorsatzformeln bespricht. Die folgenden Formulierungsbeispiele zur Therapie häufiger psychosomatischer Krankheiten haben sich in der Praxis gut bewährt, man muß sich aber nicht streng danach richten.

Nervöse Herzanfälle und Infarktvorbeugung: Die Warnung vor unerwarteten Begleiterscheinungen, die bei der Herzübung ausgesprochen wurde, gilt natürlich noch mehr bei nervösen Herzbeschwerden. Der Rat des Fachmanns muß immer eingeholt werden, und dieser sollte auch das erste Training überwa-

(Abb. 20)
Herzinfarkt (schematisch)

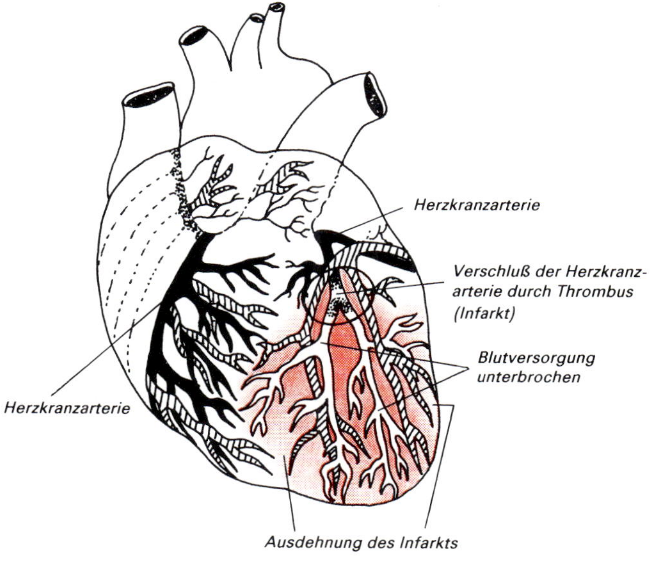

chen, denn das nervöse Herz reagiert sehr sensibel auf Vorstellungen. Oft reicht die Herzübung der AT-Unterstufe allein, um nervöse Funktionsstörungen zu beseitigen. Ist das nicht der Fall, ändert man die Vorsatzformel individuell ab. Bewährt hat sich die Kombination von Ruhevorstellungen mit der Herzübung: *«Ich bleibe immer und überall ruhig, gelassen und entspannt — Herz schlägt ruhig und regelmäßig.»*
Solche Formeln beugen auch dem Herzinfarkt vor, sofern er nicht allein auf Verkalkung der Herzkranzgefäße zurückzuführen ist. In der wichtigen Nachbehandlung von Infarktpatienten steht AT nach Anweisung des Arztes gleichberechtigt neben Diät und Bewegungstherapie.
Bluthochdruck: Er kann aus rein organischer Ursache entstehen, häufig spielen seelische Störungen aber eine wichtige Rolle. Es scheint, daß viele der Patienten unter dauernder innerer Spannung stehen und Aggressionen unterdrücken. Das führt zur Gefäßverkrampfung. In solchen Fällen empfehlen sich

(Abb. 21)
Magen mit Zwölffingerdarm
(bevorzugte Lokalisation von Geschwüren)

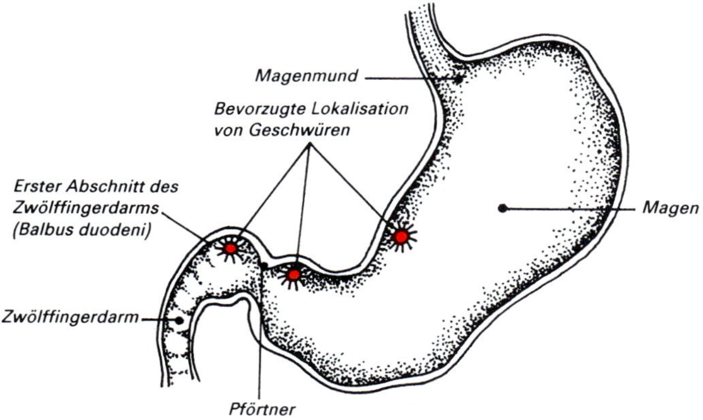

(Abb. 22)
Asthmaanfall (schematisch)

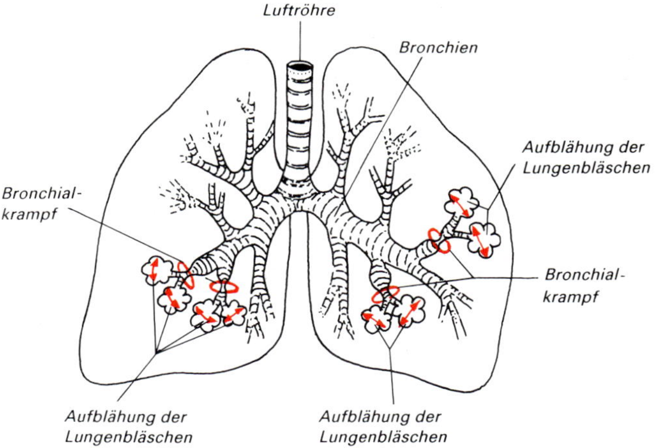

Vorstellungen wie: *«Immer und überall Ruhe und Gelassenheit — ich bleibe ganz locker, behaupte mich sicher mit kühlem Kopf»* oder *«Aggressionen (Wut, Zorn) völlig gleichgültig — Ruhe, Gelassenheit und Entspannung sind wichtig».*
Darüber hinaus erfordert Bluthochdruck oft eine gewisse Diät nach Verordnung, Bewegung und Verzicht auf Nikotin.
Magen-, Zwölffingerdarmgeschwür: Beim Magengeschwür lassen sich fast immer, beim Zwölffingerdarmgeschwür meist seelische Ursachen nachweisen. Behandelt man sie nicht mit, dann kommt es unweigerlich zu ständigen Rückfällen, die oft als Grundlage des späteren Magenkrebses betrachtet werden müssen. Die AT-Vorstellungen richten sich nach dem Einzelfall. Gut bewährt hat sich die Kombination der Indifferenzformel mit Ruhe- und Wärmevorstellungen, zum Beispiel: *«Magenbeschwerden völlig gleichgültig — Ruhe, Gelassenheit und Geborgenheit wichtig — Sonnengeflecht strömend warm.»*
Bronchialasthma: Die Anfälle werden durch allergische und seelische Ursachen zugleich ausgelöst, die zum Bronchial-

krampf führen. Er behindert vor allem die Ausatmung. Deshalb kann der Patient bald kaum noch in die überfüllten Lungen einatmen und leidet unter quälendem, manchmal lebensgefährlichem Luftmangel. Häufige Anfälle führen zur Schädigung innerer Organe, vor allem Lungen und Herz. Neben der gezielten antiallergischen Therapie bewährt sich bei Asthma vor allem die Normalisierung der Atmung durch AT und die mit der Entspannung erzielte Krampflösung der Bronchien. Fachmänni-

(Abb. 23)
Allergen-Antikörper-Reaktion beim Gesunden (schematisch)

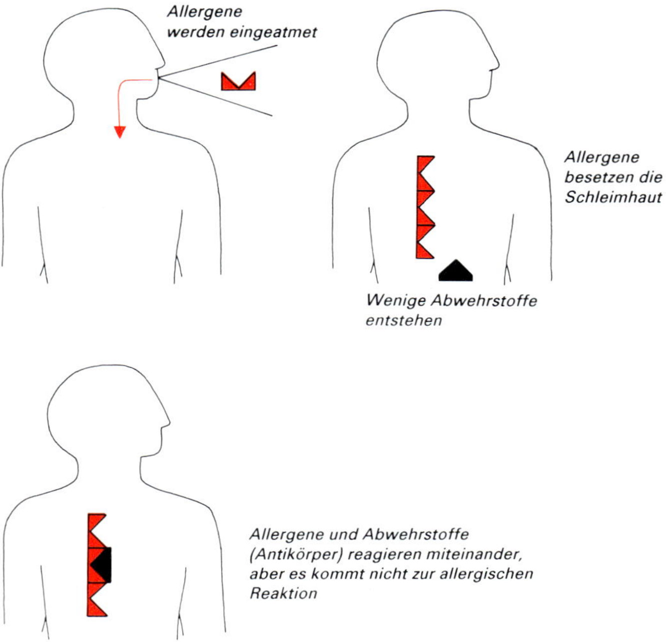

sche Anleitung ist notwendig, falsche Vorstellungen beim AT können Anfälle verschlimmern. Geeignet ist zum Beispiel die Formel: *«Asthma ganz gleichgültig, es atmet mich – ich bleibe ruhig, gelassen und entspannt.»*

Gute Behandlungsergebnisse bei Allergien
Allergische Reaktionen entstehen, wenn der Körper auf Stoffe in der Umgebung oder auf Nahrung, die gewöhnlich vertragen

(Abb. 24)
Allergen-Antikörper-Reaktion beim Allergiker (schematisch)

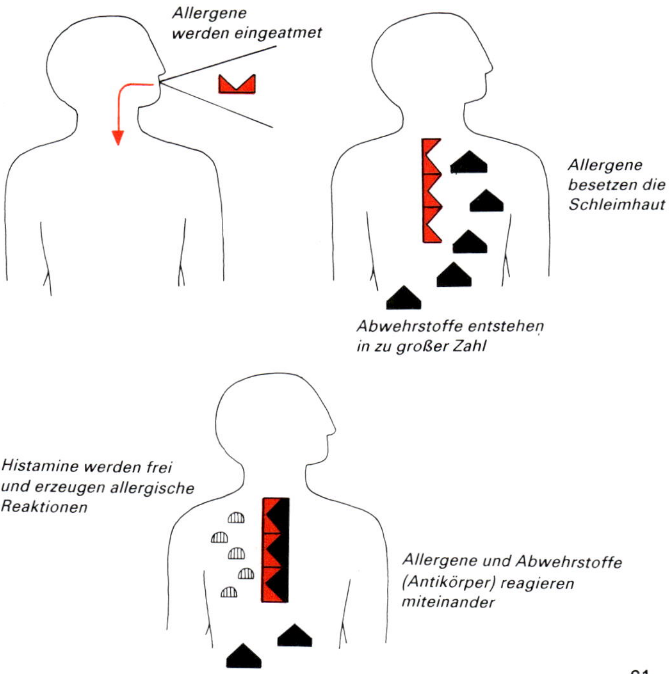

wird, überempfindlich reagiert. Das führt zum bereits besprochenen Bronchialasthma, ferner zu Hautausschlägen, Heuschnupfen, Verdauungsstörungen und anderen Beschwerden, auf die nicht näher eingegangen werden kann. Nicht selten spielen dabei auch seelische Faktoren eine Rolle. Deshalb hat es sich gut bewährt, die antiallergische Therapie des Fachmannes durch AT-Vorstellungen zu unterstützen.
Juckende allergische Hautausschläge beeinflußt zum Beispiel die Formel: *«Juckreiz ganz gleichgültig, Haut angenehm kühl — ich bin vollkommen ruhig und gelassen.»*
Gegen Heuschnupfen eignet sich beispielsweise der Vorsatz: *«Kopf und Nase ganz frei und gelassen.»*
Allergische Verdauungsstörungen behandelt man wie Durchfälle (siehe Seite 71).

Befreiung von Abführmitteln
Die heute weitverbreitete chronische Stuhlverstopfung, unter der Frauen häufig leiden, ist hauptsächlich auf falsche Ernährung und auf Bewegungsmangel zurückzuführen. Darüber hinaus spielen aber auch bestimmte Charaktereigenschaften und seelische Ursachen, die zur Verkrampfung des Darmes führen, häufig eine bedeutende Rolle. Abführmittel beseitigen zwar das Symptom Verstopfung, aber nicht seine Ursachen. Deshalb werden sie meist zu oft eingenommen und immer höher dosiert, bis es schließlich zur chronischen Darmentzündung und Abführmittelverstopfung kommt. Meistens schädigen die Abführmittel, chemische wie pflanzliche, auch innere Organe, vor allem Leber und Nieren.
Grundsätzlich erfordert häufige Verstopfung ärztliche Untersuchung. Ergibt sie keinen Befund, dürfen Abführmittel allenfalls kurzfristig angewendet werden, bis die daneben einzuleitende ursächliche Therapie wirkt. Sie besteht in Kostumstellung (mehr Ballaststoffe wie Rohkost, Weizenkleie), Entkrampfung des Darmes, konsequenter «Erziehung» zur regelmäßigen Stuhlentleerung und im Abbau seelischer Ursachen der Verstopfung. Dazu eignen sich AT-Vorstellungen wie: *«Stuhlgang pünktlich nach dem Aufstehen, Leib wohltuend strömend warm»* oder *«Stuhlgang täglich um . . .* (Uhrzeit), *Leib locker*

und strömend warm» oder *«Stuhlgang völlig gleichgültig – Darm arbeitet regelmäßig».*
Behindern Hämorrhoidenschmerzen die Stuhlentleerung, beeinflußt man sie unterstützend durch die Vorstellung: *«Gesäß entspannt, ein wenig kühl – Stuhlgang weich, regelmäßig und pünktlich.»*

Vorsicht bei Schmerzzuständen
Unsere Schmerzempfindung ist individuell sehr verschieden. Sie hängt nicht nur von der Schmerzursache, sondern zum Beispiel auch von der seelischen Verfassung ab. Daher kann AT

(Abb. 25)
Phantomschmerz

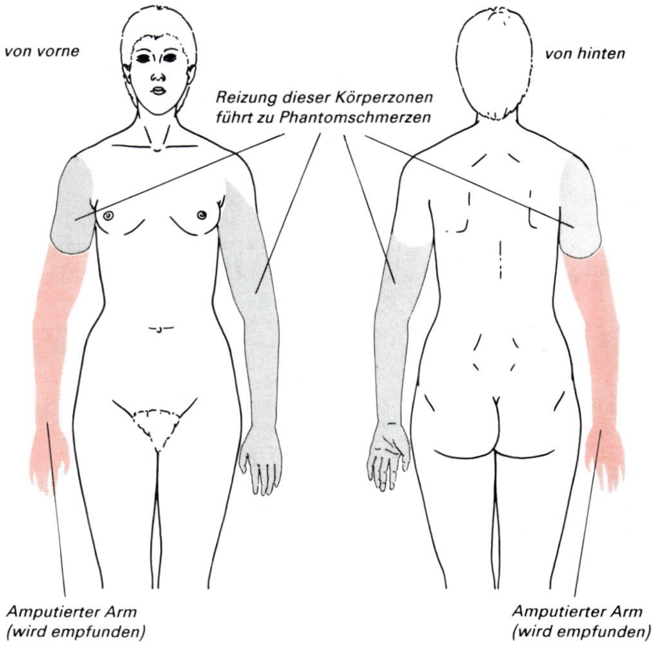

ungefährlicher und oft ebenso zuverlässig wie eine Tablette Schmerzen lindern. Die Gefahr besteht darin, daß man nach Besserung der Schmerzen die gezielte Therapie der Ursachen versäumt, weil man sich scheinbar wieder gesund fühlt — bis es für die richtige Behandlung vielleicht zu spät ist. Deshalb darf AT wie Schmerztabletten nur dann angewendet werden, wenn gleichzeitig der Fachmann die Ursachen behandelt. Als Faustregel für die Selbstbeeinflussung gilt: *Vorstellung der Kühle hilft bei mehr oberflächlichen Schmerzen (wie Nerven-, Kopf-, Zahnschmerz), Vorstellung strömender Wärme lindert innere Schmerzen (wie Gallen-, Nierenkolik, Gelenk-, Muskelrheuma). Die Indifferenzformel «Schmerz völlig gleichgültig» eignet sich bei allen Schmerzzuständen gleichermaßen.* Dazu einige Formulierungsbeispiele zur Soforthilfe:

Kopfschmerz — *«Kopf frei und kühl, Schmerz völlig gleichgültig — ich bin ruhig und entspannt.»*

Zahnschmerz — *«Ober(Unter)kiefer angenehm kühl, Schmerz vollkommen gleichgültig.»*

Gelenkrheuma — *«Schmerz völlig gleichgültig, Gelenke wohltuend strömend warm.»*

Koliken — *«Leib (Nieren-, Gallengegend) strömend warm, Schmerz völlig gleichgültig — ich bin ganz ruhig und entspannt.»*

Selbst bei so quälenden Zuständen wie dem Phantomschmerz, bei dem die Patienten scheinbar Schmerzen im amputierten Glied verspüren, kann eine solche Vorstellung sehr hilfreich sein.

Abbau suchtähnlicher Abhängigkeit

Abhängigkeit von Suchtmitteln wie Drogen, Arzneimitteln, Alkohol oder Nikotin kann aus vorwiegend seelischen Ursachen entstehen, aber auch durch körperliche Wirkungen der Giftstoffe begründet werden. Grundsätzlich erfordert jede Sucht fachmännische Behandlung, weil lebensgefährliche Entzugserscheinungen möglich sind. In solchen Fällen unterstützt AT nach Anweisung des Therapeuten die Entwöhnung und beugt späteren Rückfällen vor. Lediglich Raucher dürfen sich durch

(Abb. 26)
Nikotinwirkungen (schematisch)

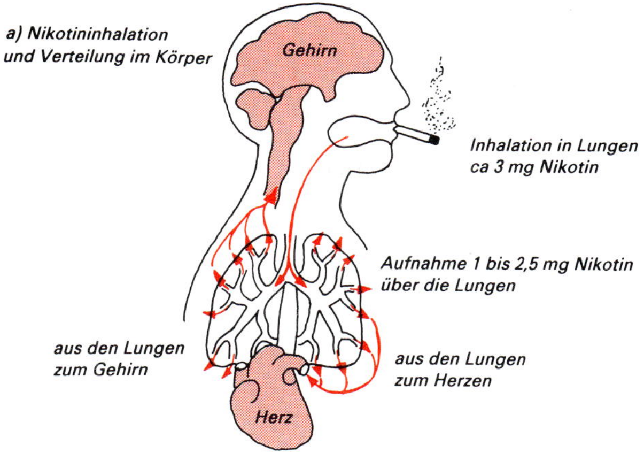

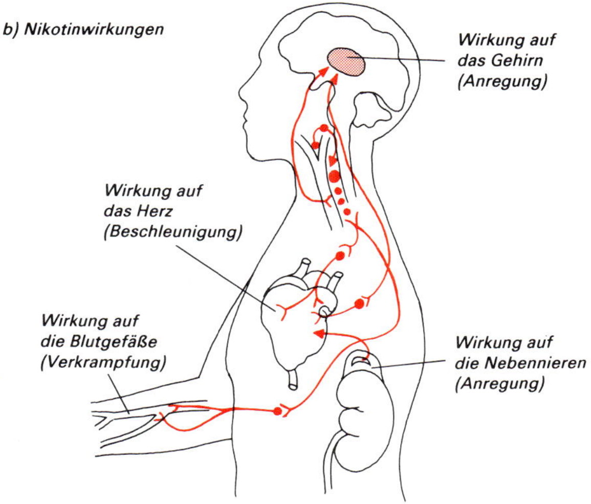

AT selbst von ihrer suchtähnlichen Gewohnheit befreien, während Alkohol-, Drogen- und Arzneimittelabhängige nur im Vorstadium der Sucht allein durch AT-Selbsthilfe noch Erfolge erzielen können.

Nikotin: Als Vorsatzformeln gegen Nikotinmißbrauch bewähren sich Vorstellungen von Wohlbehagen ohne Nikotin mit Ruhesuggestionen und der Indifferenzformel, zum Beispiel: *«Zigaretten (Rauchen) ganz gleichgültig — ich bleibe überall ruhig und gelassen — ohne Nikotin völlig wohl.»*

Um dem bei ehemaligen Rauchern oft beobachteten übermäßigen Essen als «Nikotinersatz» vorzubeugen, kann man diesen Vorsatz bei Bedarf noch durch die Vorstellung erweitern: *«. . . zwischen dem Essen bleibe ich ganz satt.»*

Oft vermindern allein die Grundübungen den Tabakkonsum ganz erheblich. Direkte Verbote und abschreckende negative Vorstellungen wie «Rauchen erzeugt Krebs» nützen erfahrungsgemäß weniger.

Alkohol: Im Vorstadium der Alkoholabhängigkeit haben sich neben den allein schon günstig wirkenden Grundübungen zum Beispiel folgende Formeln bewährt: *«Alkohol ganz gleichgültig — immer und überall fühle ich Ruhe, Geborgenheit und Sicherheit»* oder *«Ohne Alkohol ruhig, mutig und sicher — Alkohol gleichgültig, ich schaffe es».*

Medikamente: Gewöhnung an Arzneimittel muß in erster Linie durch Ausheilung der Störungen behandelt werden, gegen die Medikamente eingenommen werden. Neben anderen therapeutischen Maßnahmen können dazu AT-Vorstellungen bei Schlafstörungen, seelischen Krankheiten, Schmerzen und Stuhlverstopfung empfohlen werden, um nur die häufigsten Gründe für Arzneimittelmißbrauch zu nennen. Zusätzlich stellt man sich in solchen Fällen neben der gegen die eigentliche Ursache gerichteten Formel noch vor: *«. . . Tabletten völlig gleichgültig — Verzicht beseitigt alle Störungen.»*

Wer längere Zeit Medikamente einnahm, muß die Entwöhnung unter fachmännischer Aufsicht durchführen, damit Entzugserscheinungen sofort behandelt werden können. Längerer Schlaf- oder Schmerzmittelmißbrauch erfordert meist klinische Intensivbehandlung.

(Abb. 27)
Alkoholwirkungen (schematisch)

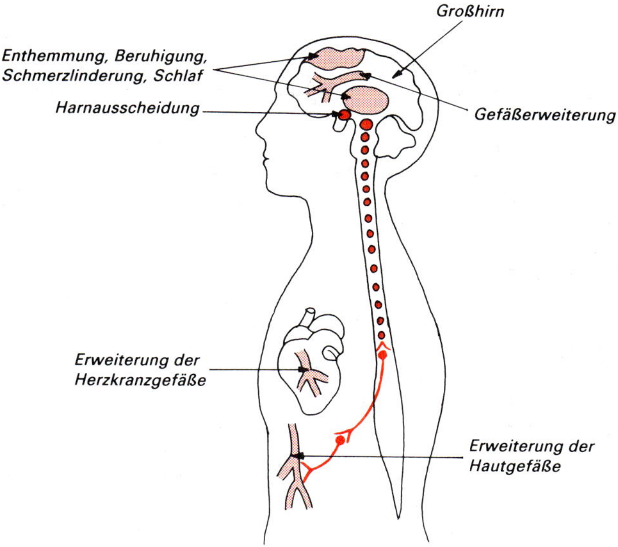

Linderung seelischer Leiden

Wahrscheinlich macht fast jeder Mensch im Laufe seines Lebens irgendwann einmal eine mehr oder minder schwere seelische Krise durch. Psychotherapeutisch betreut werden in der Regel nur die schwereren oder länger dauernden Fälle. Und schon damit sind die relativ wenigen Therapeuten heute mehr als ausgelastet. Leichtere seelische Störungen hingegen werden oft überhaupt nicht behandelt. Sie heilen dank der Selbstheilungskräfte der Seele allmählich von selbst aus. Ob und wann Psychotherapie notwendig ist, richtet sich nach dem persönlichen Leidensdruck und der verbliebenen Lebenstüchtigkeit der Betroffenen. Wer unter starken Angstzuständen oder lähmenden Depressionen leidet und sich kaum noch aus dem

Haus wagt, dessen Selbstheilungskräfte sind zu schwach, um die Störung allein zu überwinden. Er benötigt unbedingt baldige fachärztliche Behandlung. Das gilt auch für Geisteskrankheiten (Psychosen) wie die Schizophrenie sowie für seelische Veränderungen aufgrund organischer Gehirnstörungen.

Als Faustregel gilt: AT ist dann zur Heilung seelischer Krankheiten allein geeignet, wenn der Patient in der Lage ist, regelmäßig zu trainieren und sich selbst in positive Erwartung zu versetzen. In anderen Fällen kann AT zwar unterstützend angewendet werden, aber nur nach Anweisung des Fachmanns. Die AT-Oberstufe, zur Behandlung seelischer Krankheiten besonders geeignet, wird als Heilmittel möglichst nur nach Anleitung des erfahrenen Therapeuten verwendet.

Ziel des AT bei leichteren seelischen Störungen ist es in erster Linie, Ruhe und Selbstvertrauen wiederzugewinnen, Ängste zu bekämpfen, Aggressionen abzubauen, Depressionen aufzuhellen und zu lernen, auf schädliche Umwelteinflüsse zweckmäßig und gelassen zu reagieren. Dadurch wird das Seelenleben stabilisiert, und die seelische Störung kann bald aus eigener Kraft überwunden werden.

Häufig erleben AT-Übende, daß sie nach einer vorübergehenden seelischen Erkrankung, die dank AT aus eigener Kraft überwunden wurde, seelisch viel widerstandsfähiger, im Umgang mit anderen Menschen sicherer und insgesamt reifer geworden sind. So wird die seelische Krise oft unentbehrlich für die Weiterentwicklung der Persönlichkeit – vergleichbar der körperlichen Widerstandskraft (Immunität) nach einer überstandenen Infektionskrankheit. Schon diese positive Einsicht in den möglichen Nutzen einer seelischen Störung kann viel zu ihrer Beseitigung beitragen.

Die Formulierung der positiven AT-Vorstellungen richtet sich weitgehend nach dem Einzelfall. Die folgenden Beispiele sind nur als Hilfe gedacht, müssen aber keineswegs genau befolgt werden. Wenn die eigenen Formulierungen nicht bald eine erste Wirkung zeigen, sollte man den Arzt oder Psychotherapeuten aufsuchen, um mit ihm gemeinsam nach geeigneten Behandlungsmöglichkeiten zu suchen.

Indifferenzformel gegen Angstzustände: Wenn der Patient die Angst willentlich zu unterdrücken versucht, verschlimmert sie sich oft noch weiter. Deshalb versucht man eine Vorstellung wie: *«Immer und überall ruhig, geborgen und sicher — Angst ganz gleichgültig»* oder *«Angst ganz gleichgültig — ich nehme sie an und bleibe ruhig, gelassen, sicher und frei».*
Betrifft die Angst die Herzfunktionen, was sich durch Enge, Beklemmung oder Druck in der linken Brustseite bemerkbar macht, ohne daß die ärztliche Untersuchung einen organischen Befund ergibt, dann suggeriert man sich nach Absprache mit dem Therapeuten zum Beispiel: *«Herz völlig gleichgültig — Puls ruhig und regelmäßig — Herzgegend ganz frei.»*
Hilfe bei Depressionen: Leichtere depressive Verstimmungen, die sich durch Niedergeschlagenheit und Pessimismus — oft als Reaktion auf Enttäuschungen und Mißerfolge — bemerkbar machen, werden durch positive Vorstellungen gelindert wie: *«Das Leben geht weiter, ist lebenswert — ich lebe ruhig, mutig und froh, düstere Gedanken weichen»* oder *«Mutig, gelassen und heiter geht mein Leben weiter — Enttäuschungen ganz gleichgültig».*
Allgemeine Vorstellungen bei seelischen Krisen: Über die positive Beeinflussung von Hemmungen und Unsicherheit mit Erröten wurde bereits berichtet (siehe Seite 53). Andere hilfreiche Formulierungen bei seelischen Störungen sind zum Beispiel: *«Ich nehme mich an — begegne anderen Menschen mit Respekt und Verständnis ruhig, sicher und gelassen»* oder *«Ich setze mich durch — ruhig, mutig und sicher»* oder *«Nichts und niemand kann meine Gelassenheit und Sicherheit stören — Gereiztheit ganz gleichgültig».*
Diese Beispiele veranschaulichen, daß man sich nie mit der bloßen Unterdrückung von Symptomen durch AT begnügen darf, sondern durch geeignete individuelle Vorstellungen positive Persönlichkeitsveränderungen bewirken sollte. Erst dadurch werden die eigentlichen Ursachen seelischer Krisen überwunden. AT hilft bei seelischen Störungen zwar nicht so rasch wie Tabletten und ist nicht so bequem wie solche Psychopharmaka anzuwenden. Dafür muß man aber keine Nebenwirkungen oder suchtähnlichen Abhängigkeiten in Kauf neh-

men und geht das Übel bei der Wurzel an, während Arzneimittel nur die Symptome bessern können. Zwar wird man auf Medikamente nicht immer verzichten können; sie sollten aber immer durch AT oder andere psychotherapeutische Therapieverfahren unterstützt werden. (Siehe auch Nervosität, psychosomatische Krankheiten.)

Andere Heilanzeigen
Zwangsläufig konnte diese Übersicht nur die wichtigsten AT-Heilanzeigen vorstellen. Ein Versuch lohnt sich aber auch bei den meisten anderen, hier nicht ausdrücklich genannten Gesundheitsstörungen und wird am besten mit dem Arzt besprochen. Auf einige häufige Erkrankungen soll aber noch kurz eingegangen werden.
Störungen des Verdauungssystems: Geschwüre am Magen und Zwölffingerdarm wurden als psychosomatische Krankheiten bereits behandelt. Hier interessieren noch Blähungen, Durchfall und Erbrechen. Alle drei Störungen können durch AT mehr oder weniger gut allein oder unterstützend beeinflußt werden, abhängig davon, ob und wie stark seelische Einflüsse dabei eine Rolle spielen. Andere Therapiemethoden nach Verordnung des Therapeuten darf man aber nicht vernachlässigen.
Die unangenehmen *Blähungen* sind oft auf nervöses Luftschlucken (Aerophagie) mit Eigenbewegungen der Speiseröhre auch ohne Nahrung zurückzuführen. Aber auch Darmkrämpfe spielen — neben Ernährungsfehlern und organischen Störungen — eine wichtige Rolle. Um den nervösen Faktor auszuschalten, empfehlen sich Vorstellungen wie: *«Speiseröhre bleibt ganz gelassen — Schlucken nur beim Essen und Trinken»* oder *«Schlucken zwischen den Mahlzeiten gleichgültig — Speiseröhre entspannt und frei»* oder *«Speiseröhre und Darm arbeiten ruhig und regelmäßig — Blähungen ganz gleichgültig»*.
Erbrechen aus seelischer Ursache (etwa Ekel) kann allein mit AT gestoppt werden, in anderen Fällen wird meist zusätzliche Therapie nach Verordnung erforderlich. Geeignet sind Formeln wie: *«Magen ruhig, entspannt und gelassen — behält alles»* oder *«Ich bin ganz ruhig und entspannt — Erbrechen völlig gleichgültig — Magen behält alles»*.

(Abb. 28)
Luftschlucken (schematisch)

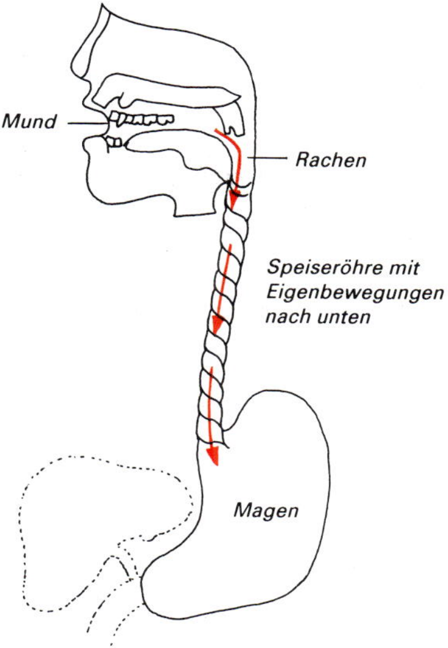

Bei *Durchfällen,* die aus seelischer Ursache (wie Schreck, Angst), durch Infektionen, verdorbene Speisen und aus zahlreichen anderen Gründen entstehen können, wirkt AT krampflösend und kann die vermehrte Stuhlentleerung unter Umständen rasch zum Stehen bringen. Angezeigt sind Vorstellungen wie: *«Darm arbeitet entspannt und regelmäßig — behält alles»* oder *«Leib angenehm strömend warm — Darm behält alles».*
Natürlich erfordern Infektionen, Vergiftungen und andere nicht seelische Ursachen gezielte Zusatztherapie.
Drüsenstörungen: Zusammen mit dem vegetativen Nervensystem steuern die Hormondrüsen viele lebenswichtige Körperfunktionen und nehmen gleichzeitig Einfluß auf unseren seelischen Zustand. Deshalb kann AT bei Drüsenstörungen unter-

(Abb. 29)
Bauchspeicheldrüse mit Zwölffingerdarm

stützend zur Normalisierung der Funktionen angewendet werden. Das gilt in erster Linie für die Schilddrüsen und Geschlechtsdrüsen, aber auch für die an der verbreiteten Zuckerkrankheit (Diabetes) beteiligte Bauchspeicheldrüse.
Die Vorstellung von Wärme etwas unterhalb der Magengegend in der Tiefe des Bauches bewirkt eine bessere Durchblutung der Bauchspeicheldrüse, die als unterstützende Behandlung der Zuckerkrankheit empfohlen wird. Als Formel eignet sich: *«Bauchspeicheldrüse strömend warm.»*
Selbstverständlich ersetzt das nie die ursächliche Therapie durch Diät, Bewegung und Medikamente.
Überfunktion der *Schilddrüse,* die man wegen ihrer Wirkung auch als «Temperamentsdrüse» bezeichnet, äußern sich ähnlich wie Nervosität und erfordern immer ärztliche Therapie. Unterstützend bewährt sich zum Beispiel die beruhigende Vorstellung von Kühle mit allgemeinen Ruheformeln, zum Beispiel: *«Schilddrüse kühl, gelassen und träge — ich bin völlig ruhig und entspannt.»*
Sehr gut hilft AT bei Störungen des Allgemeinbefindens der Frau während der Monatsblutung oder in den Wechseljahren. Wer AT beherrscht, kann meist auf Schmerztabletten gegen Menstruationsstörungen verzichten und kommt in den Wech-

(Abb. 30)
Schilddrüse (schematisch)

von vorne

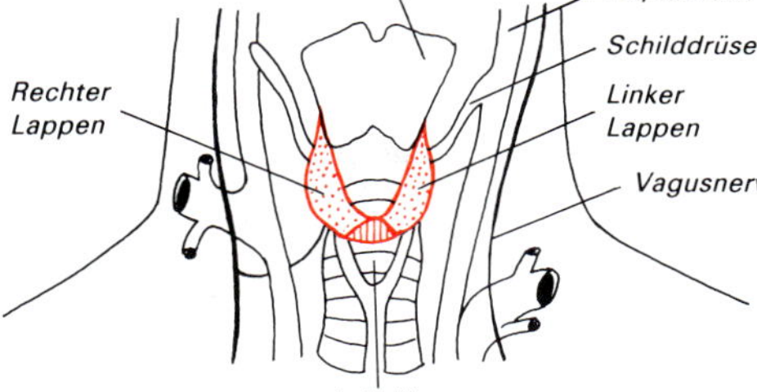

von hinten

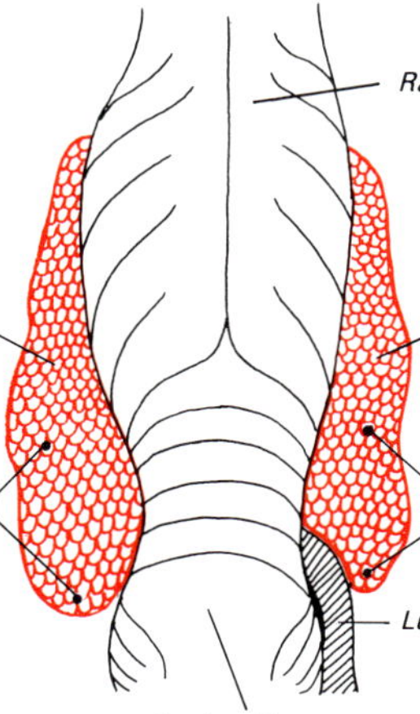

seljahren ohne Hormontabletten gut in den neuen Lebensabschnitt. Fachärztliche Untersuchung muß aber vorher sicherstellen, daß durch AT keine behandlungsbedürftigen organischen Krankheiten verdeckt werden.
Gegen Menstruationsbeschwerden eignen sich Vorstellungen wie: *«Becken locker strömend warm — Menstruation völlig gleichgültig — ich bin ruhig und ganz entspannt»* oder *«Regel kommt leicht und schmerzfrei — ich bleibe entspannt, locker und völlig ruhig».*
Die Umstellung während des Klimakteriums erleichtern Formeln wie: *«Ruhig und gelassen nehme ich mein Leben an — bleibe frei und ausgeglichen — Kopf angenehm kühl»* oder *«Beschwerden völlig gleichgültig — Kopf angenehm frei und kühl — ich sage ja und bleibe ausgeglichen».*
Sexuelle Störungen wie Gefühlskälte (Frigidität) der Frau und die verschiedenen Formen männlicher Impotenz sind oft auf seelische Störungen zurückzuführen. Wenn die vor Beginn der AT-Übungen immer notwendige ärztliche Untersuchung keinen organischen Befund ergibt, helfen Vorstellungen wie: *«Ich liebe mit Lust, locker und entspannt — empfinde (genieße) als Frau (Mann) ganz frei und intensiv»* oder *«Ich gebe mich hin — in der Liebe gelöst und frei liebe ich mit Lust ganz natürlich und locker».* Bewährt hat sich auf die Indifferenzformel *«Erektion (Orgasmus) ganz gleichgültig».*
Genügen solche Vorstellungen nicht, kann AT eine Psychotherapie wirksam unterstützen.
Warzen und andere Hauterscheinungen: Warzen werden seit alters «besprochen» und verschwinden dann tatsächlich oft, ohne daß die moderne Medizin diese Tatsache bisher erklären könnte. Ehe man Warzen durch Medikamente oder Bestrahlungen behandelt, empfiehlt sich daher ein Versuch mit Vorsätzen wie: *«Warzengegend angenehm kühl — Warze verschwindet»* oder *«Warze verschwindet in einer Woche vollkommen».*
Über die Beeinflussung allergischer Hauterscheinungen durch AT wurde bereits ausführlich berichtet. Auch nichtallergische Hautleiden können zum Teil durch AT gut unterstützend behandelt werden. Geeignet sind Vorstellungen wie: *«Haut angenehm kühl, Rötung* (oder andere Symptome) *völlig gleichgültig*

— verschwinden vollkommen» oder *«Juckreiz und Schwellung völlig gleichgültig, Haut angenehm kühl und frei».*
Da Psychologen die Haut, unser größtes Organ, als «Spiegel der Seele» verstehen, können krankhaften Hautleiden seelische Ursachen zugrunde liegen, die AT gut beeinflußt.
Blutunterdruck: Im Gegensatz zum Bluthochdruck gilt zu niedriger Blutdruck zwar als Garantie für ein langes Leben, die Beschwerden sind aber sehr lästig und rauben den Betroffenen die ganze Lebensfreude. Wenn ärztliche Untersuchung keinen Hinweis auf organische Ursachen ergibt, die gesondert behandelt werden müssen, kann AT zusammen mit Sport und Abhärtung den Allgemeinzustand deutlich bessern. Dazu eignet sich eine Vorstellung wie: *«Herz ruhig, regelmäßig und kräftig — ich fühle mich fit, munter und leistungsfähig — Beschwerden ganz gleichgültig.»*
Wetterfühligkeit: Schlafstörungen, Nervosität, Gereiztheit, depressive Verstimmungen, Schwindel, Herz-Kreislauf-Störungen und Aufflammen chronischer Schmerzzustände (vor allem Rheuma) kennzeichnen die Wetterfühligkeit. Sie kann auf organische Ursachen zurückzuführen sein, deshalb ist vor AT immer gründliche ärztliche Untersuchung erforderlich. Häufiger deutet Wetterfühligkeit aber auf vegetative Regulationsstörungen und mangelnde Abhärtung hin und kann dann durch AT günstig beeinflußt werden. Neben gezielten Vorstellungen gegen die verschiedenen Symptome (zum Beispiel Schlafstörungen, Depressionen) bewährt sich eine Hauptformel wie: *«Ich bleibe frisch, leistungsfähig und gut gelaunt, fühle mich sehr wohl — Beschwerden völlig gleichgültig.»*
Wer dazu noch regelmäßig eine vernünftige Abhärtung betreibt, erlebt in der Regel bald, wie die Wetterempfindlichkeit deutlich nachläßt.

Sachverzeichnis

Hallwag Taschenbücher

(Herbst 1981)

3 Unsere Vögel
4 Tiere in Feld und Wald
5 Unsere Bäume
6 Das kleine Anglerbuch
7 Schmetterlinge und Nachtfalter
8 Karte und Kompaß
9 Wetterkunde
10 Unsere Pilze
11 Lawinenkunde
14 Unsere Hunde
15 Baustilkunde
16 Chemie
18 Alpenblumen
19 Käfer und andere Insekten
20 Möbelstilkunde
26 Wunderwelt der Ameisen
27 Waldblumen
28 Mikroskopieren
29 Unsere Sträucher
32 Besser fotografieren
33 Heilpflanzen
34 Tiere im Zoo
35 Moorpflanzen
36 Verkehrsflugzeuge
37 Tiere in Bach und Weiher
38 Zimmerpflanzen und ihre Pflege
41 Die Biene
42 Einführung in die Astronomie
45 Druckgraphik
49 Der Briefmarkensammler
53 Schiffe und Schiffahrt
54 Unsere Katzen
57 Muscheln am Meer
61 Kakteen
63 Die Welt der Sterne
64 Berufslexikon für Mädchen (Schweiz)
66 Berufslexikon für Knaben (Schweiz)
68 Schach für Anfänger
69 Das Atom als Energiequelle
70 Minerale und Gesteine
71 Geologie
74 Kleine Münzkunde
77 Einführung in das Porzellanmalen
78 Orchideen — Mein Hobby
81 Unser Gemüse- und Gewürzgarten